ビギナーが楽しく上達する卓球ブック

よ〜いドン！卓球

まとめ：卓球王国

技術監修：偉関絹子

目　次

技術編〈後編〉半年で"試合で勝つ"技術をマスター!　97

ルール編　164

卓球のオモシロさを知って
楽しく強くなろう！

　誰もが手軽に楽しめる「卓球」。でも、やればやるほど奥深いのが「卓球」というスポーツだ。

　この『よーいドン！ 卓球』は、卓球を始めたばかりのビギナーや、これから卓球を始めようと思っている人に、卓球のオモシロさを伝えて、楽しく強くなってもらうための本。これまでの技術書と違い、テクニックや練習メニューの紹介だけでなく、卓球というスポーツの特徴から、用具、ルール、そして過去のおもしろエピソードなども交え、いろんな卓球の"魅力"を紹介していく一冊になっている。

　技術編は前編と後編にわかれ、あわせて1年で強くなることを目標にした構成（右ページ参照）。そのため、技術編は順番に読んでいくほうが分かりやすいが、他のページは興味のあるところから気軽に読んでいけばOKだ。この本で卓球の魅力を知って、楽しく強くなろう！

仲間と一緒に楽しく上達だ！

〈技術編〉の流れ

前編 LESSON 01-06

半年で基本技術をマスター!

後編 LESSON 07-12

半年で"試合で勝つ"技術をマスター!

目標

1年で"試合に勝てる選手"を目指そう!

キヌコ先生が技術をわかりやすく教えてくれます!

●技術編監修:**偉関絹子**(偉関TTL)
（いせき・きぬこ）
〈卓球指導者・平成10年度全日本選手権混合複優勝〉
中国・江西省出身。1991年に夫・晴光（88年五輪複金メダリスト）とともに来日して、実業団選手として活躍。97年に日本に帰化。2009年に「偉関TTL」をオープンして指導者に。チームを全国大会優勝に導き、ホープスナショナルチーム選手も輩出

●モデル:「**偉関TTL**(Table Tennis Land)」
の選手の皆さん
2019年全日本クラブ選手権
男子小・中学生の部 優勝

カット型モデル協力:羽佳卓球倶楽部

卓球はおもしろい！

誰もが手軽に楽しめる卓球。でも手軽なだけでなく、やればやるほど奥深く、ハマってしまうスポーツだ。卓球の何がおもしろいのか、紹介しよう！

卓球は100m走をしながら チェスをするような競技だ！

01 フィジカル&頭脳戦

　「卓球は100m走をしながらチェスをするような競技」。これは、元世界チャンピオンで国際卓球連盟会長も務めた偉人、荻村伊智朗氏（故人）の言葉。トップクラスでは、強靭なフィジカル（筋力や瞬発力など）が必要な一方で、緻密な戦術も求められる。フィジカルのぶつかり合い、そして頭脳戦。2つの側面を持つのが、卓球の魅力なのだ。

02 多彩なスタイル

　プレースタイル（戦型）が多彩というのも卓球の特徴。また、同タイプのスタイルでも、選手ごとにプレーは大きく異なる。そのため、観戦していても、自分がプレーしても、展開が多彩でおもしろいのだ。

ドライブ型
丹羽孝希

カット型
佐藤瞳

前陣速攻型
伊藤美誠

03 圧倒的な回転とスピード

　卓球のボールのスピードは、最高で時速120kmに達すると言われる。それが274cmの台をはさんで、わずか0.2秒ほどで飛んでくる。これは野球のピッチャーの時速150kmの速球がホームベースに到達する時間の約半分！　すさまじい体感スピードなのが想像できるだろう。

　また、回転は最大で毎分1万回転に到達。スピードとともに回転が、卓球を非常に奥深いものにしている。

04 今、日本が強い！　今、卓球が熱い!!

　近年、日本の卓球は強い。水谷隼、張本智和、石川佳純、伊藤美誠ほか、数多くの日本選手が世界のトップクラスで活躍中だ！　世界卓球や五輪でのメダル獲得に、日本全国から期待が高まっている。特にリオ五輪後にはテレビなどで卓球が大きく取り上げられるようになったこともあり、今、日本では卓球ブームが巻き起こっている。手軽だけど奥深い卓球を、みんなで楽しもう！

ごぞんじ水谷隼選手。リオ五輪で2個のメダルを獲得し、卓球ブームの火付け役に！

2018年10月に開幕した「Tリーグ」。卓球が「観るスポーツ」として大きく注目されるようになった

多彩なプレー

S シェークハンドラケットの選手　P ペンホルダーラケットの選手

S 水谷隼

↑どんな立ち位置でも戦える水谷は、テクニックの引き出しでは右に出る者はいない。オールラウンドなプレーヤーだ

▶ ドライブ型

　ボールに上回転（前進回転、トップスピン／p.54〜55参照）をかける「ドライブ」打法を主な武器として戦うタイプ。回転が最もかかる「裏ソフトラバー」を両面に使用する。最も主流で"王道"の攻撃スタイルだ。

　フォアハンドとバックハンドのどちらが得意かなど、選手によって異なり、同じドライブ型でもプレーは様々だ。

使用ラバー

裏ソフト　裏ソフト

P ウォン・チュンティン 黄鎮廷（香港）

→ペンホルダーのドライブ型は、世界トップでは許昕（中国）や黄鎮廷など少数派

▶ 前陣速攻型（ぜんじんそっこう）

　主に前陣（台の近く）で、タイミングの早い攻撃を武器に戦うスタイル。ボールを弾く打ち方を多く使うが、中でも強打である「スマッシュ」は観ていても爽快（そうかい）だ。シェークラケットでは、フォア面に裏ソフトラバー、バック面に表ソフトラバーを貼（は）る選手が多い。ペンラケットでは、表面に表ソフトを貼る。

使用ラバー

裏ソフト　表ソフト

P シャン・シャオナ（ドイツ）

←ペン表ソフト前陣速攻型のドイツ代表。正確なフォアハンドスマッシュが武器

S 伊藤美誠

↑バック面の表ソフトによる技術の多彩さは世界一！ フォア面（裏ソフト）のスマッシュも武器だ

スタイル＝戦型 せんけい せんがた

卓球の大きな魅力が、選手ごとに"武器"が違う点。何を武器にどう戦うか、それを「プレースタイル」または「戦型」と呼ぶ。戦型は、おおまかに以下のように分類される。

▶カット型

中陣〜後陣で、ラケットを上から下に振り下ろし、ボールに下回転（後進回転、バックスピン／p.54〜55参照）をかける「カット」打法を武器に戦うスタイル。シェークラケットのフォア面に裏ソフトラバー、バック面に表ソフトラバーや粒高ラバーを貼る選手が多い。

S 橋本帆乃香(左)／佐藤瞳

使用ラバー

裏ソフト　表ソフト　粒高

→19年世界卓球女子ダブルスで銅メダルを獲得した橋本・佐藤のカットペア

▶ペン粒高攻守型 つぶだかこうしゅ

P 周昕彤(中国)

ペンラケットに粒高ラバーと裏ソフト（または表ソフト）を貼り、相手の攻撃を止める「粒高ブロック」による守備を軸に戦う。ラケットを回して打球面を変える「反転」を利用した、技巧派 ぎこう のプレーが魅力。→攻撃的な粒高攻守で、全中国ベスト8

Defensive 守備型

使用ラバー

粒高　裏ソフト

戦型はどうやって選ぶ？

卓球ビギナーは、「自分はどの戦型を選べばいいの!?」と思うだろう。最初の段階で、ラケットの種類（シェークかペン）だけは選ぶ必要があるが、戦型は急いで決める必要はない。どの戦型でも、まずは共通する基本技術を覚える必要があるからだ。半年から1年でひと通りの基本技術をマスターした頃に、戦型を決めていけばいいだろう。もちろん、最初から憧(あこが)れの戦型があるなら、それを目指すのもOK。また、指導者から「キミはこの戦型が向いている」と言われ、早い段階から特定のスタイルを目指す場合もあるだろう。

トップ選手の試合をドンドン観てみよう！

トップ選手の試合を観れば憧れのスタイルが見つかり上達も早くなる！（写真は世界卓球）

卓球は回転

卓球というスポーツの最大の特徴が「回転」だ。ボールの回転を自分の目で見ることは難しいが、ダイナミックなラリーと、高度なテクニックを演出してくれる。卓球の回転のスゴさを見ていこう！

POINT 1
回転量がスゴイ！

超高速回転のボールが行き来するのが卓球というスポーツだ！

まず、卓球のボールの回転量はものすごい！ 最大で1分間に1万回転以上と言われ、他のスポーツを大きく上回っている。これは1秒間だと約170回転で、ジェット機のエンジン並と言えばスゴさがわかるだろう。

また、回転の方向も様々で、現代卓球の攻撃の主要テクニックであるドライブ（上回転／p.58〜61）の他に、ツッツキ（p.56〜57）やカットの下回転、また左右の横回転や、それらの中間的な「ななめ回転」など、回転方向は無限とも言える。

無回転（ナックル）から毎分1万回転までの回転量の幅、そして無限の回転方向。これが卓球の奥深さを生んでいるのだ。

回転数はジェット機のエンジン並!!

回転の秘密は"ラバー"

卓球の回転を生み出すのが、ラケットに貼られたゴムのシートである「ラバー」。他の球技にない独自のアイテムが、圧倒的なスピンを生み出しているのだ。さらに、ラバーの種類によって回転のかかり方も大きく異なる。

ラバーの回転の仕組みはp.24〜25を参照

がオモシロイ!!

7色のミラクルスピンアタ〜〜〜〜ク!

ギュル

ギュル

ギュル

ギュル

ギュル

POINT 2
弾道が曲がる!

POINT 3
跳ね返りが変わる!

　圧倒的な回転によって、ボールが左右に曲がったり、沈んだり、跳ねたりと、弾道が曲がるのも卓球の魅力のひとつ。

　自在に回転をかけられるサービスでは、ボールが左右に曲がる様子が多く見られる。またラリー中は、ドライブによってボールが弧線を描き、ダイナミックにコートを飛び交う。野球のように、カーブやシュート回転をかけることで、左右に曲がりながら沈むドライブもあるのだ。

　回転により弾道が曲がるのは、他の球技でもあること。しかし卓球では、ボールがラケットに当たって飛び出す方向が、回転によって大きく影響を受ける。これは他のスポーツにない特徴だ。たとえば、相手のサービスの回転を読み切れないと、レシーブでネットに届かなかったり、逆に遥かにオーバーミスをすることも。回転がわからないと、返球すら難しい。これが卓球の難しさであり、奥深さでもあるのだ!

キホンのタッキュー語講座 Vol.01

Forehand フォアハンド & Backhand バックハンド

Fore

身体の右側で打つ
手のひら側で打つ

Back

身体の左側で打つ
手の甲側で打つ

※イラストは右利きでシェークラケットを使っている場合で説明

利き手側がフォア、逆がバック

「フォアハンド」は、身体の右側（正確には右ひじの右側）で打つこと。ここでは右利きで説明しているので、左利きの人は左右逆にして考えよう。シェークラケットの場合は、手のひら側の面で打つことになる。

逆に「バックハンド」は、身体（右ひじ）の左側で打つこと。シェークラケットなら、手の甲側で打つことになる。

フォアハンドは「フォア」、バックハンドは「バック」と略して言うことが多い。

得意は人それぞれ

フォア・バックという言葉は、技術用語と組み合わせて使われることが多い。たとえば決定打となる強打である「スマッシュ」で言えば、フォアスマッシュ、あるいはバックスマッシュとなる。

バックと比べると、フォアのほうが身体を大きく使って打つことができるため、一般にフォアのほうが強く打つことができると言われている。しかし、フォアとバックどちらが得意かは選手ごとに違う。

＋αのタッキュー語集

【ミドル】
フォアとバックの間で、身体の正面付近のこと。シェークの場合、ミドルに来たボールは、フォアとバックのどちらで打つか迷いやすい

【ニュートラル】
どこにボールが来ても打てるような、基本の構え、あるいは基本姿勢

【ラリー】
双方のプレーヤーがボールを続けて打ち合うこと。打ち合いが長く続く試合のことを「ラリー戦」と言う

よーいドン！ 卓球 用具編

用具がなければ始まらない！ 卓球に 必要なモノ

RACKET ラケット

すぐ欲しい度 ★★★★★

ラケットはもちろん必須！ 最初はチームの備品や、先輩などから借りて使えることもあるが、早めに「マイラケット」をゲットしたい。

BALL ボール

すぐ欲しい度 ★★★★

チームならたいてい備品があるが、個人で練習する時のために、自分でも2〜3個持っているとベター！

WEAR ウェア

すぐ欲しい度 ★

運動できる服装ならOK。いずれチームで卓球専用ユニフォームをそろえるかも。

SHOES シューズ

すぐ欲しい度 ★★★

「体育館履き」では脱げやすく怪我のもと。一般的な室内用シューズでもOKだが、本格的に取り組むなら、専用の「卓球シューズ」を用意したい。

SOCKS ソックス

すぐ欲しい度 ★

ふつうのソックスでもOK。生地が厚めで、足を保護する卓球用ソックスもある。

TABLE 卓球台

すぐ欲しい度 ??????

確かに必要だけど……（笑）。個人で自宅に卓球台を持っていたらスゴイ!!

15

ラケットは2種類！

シェークハンド
ラケット

握手するように握る、主流のタイプ

　ラケットの形状は、大きく分けて2種類、「シェークハンドラケット」と「ペンホルダーラケット」がある。卓球をスタートする時に、まずどちらかを選ぼう。

　シェークラケットは、握手（英語でshake hands）するように握るタイプ。両面にラバーが貼ってあり、身体の左右で両面を使い分けて打つタイプだ。現在、主流のタイプで、トップ選手のほとんどがシェークラケットを使っている。

張本智和

―― Point!

➡ ラリーが得意
➡ フォアもバックも自在

※フォア・バックについてはp.14参照

↑打つタイミングの早さとパワーを兼ね備えた攻撃を見せる、最新のプレースタイルで活躍

どちらを選ぶ?

ペンホルダー
ラケット

ペンを持つように握る、個性派タイプ

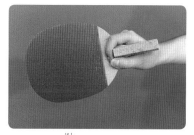

　ペンやお箸を持つように握るのが「ペンホルダーラケット」。片面だけでプレーする選手もいれば、両面を使う選手もいる。現在は少数派だが、過去に多くのペンホルダーの選手が五輪金メダリストや世界チャンピオンになっている。台上の小技がやりやすいなど独自の強みもあり、人と違う個性を出せる。

　シェークかペンかは、実際に打ってみて、しっくりきたほうを選ぶと良い。指導者のアドバイスももらおう。

Point!
- ➡ 小技が得意
- ➡ フォアの強打がパワフル

許昕（中国）

↑超人的なフットワークを駆使して動き回り、豪快なフォアハンド攻撃を見せる世界最強ペン

初めての マイラケ

店員さんがオススメ用具を教えてくれるぞ！

初めてのマイラケは卓球専門店やスポーツ店でGET(ゲット)!!

　最初はクラブの備品などを借りて練習していても、いずれ「マイラケ」（マイラケット）が欲しくなるだろう。本格的に卓球に取り組むなら、あらかじめラバーが貼られた「ラバー貼りラケット」ではなく、ラバーとラケット本体が別売りのものを買いそろえよう。

　卓球用具が買えるのは、総合スポーツショップや卓球専門店。各社から発売されている「初・中級者用」のラケットやラバーを選べば問題ないが、卓球用具は種類が多く、専門性も高い。ぜひ店員さんに相談して、商品を手に取りながら選ぼう！

ラケット本体とラバーは別売りだ！

ラケット本体　赤ラバー　黒ラバー　→　完成！

注意！両面のラバーの色は必ず赤と黒に！

ラケット＋ラバーで予算は約1万円！

　ラケット、ラバー、ともに価格帯は幅広いが、初・中級者向けの用具は比較的安いのがうれしい。

　ラケット本体は、定価で4,000円以下のリーズナブルなものもあるが、5～7,000円ほどのミドルクラスのものを選ぶのもアリだ。ラケットは長く使えるので、最初から"ちょっといいもの"を選ぶのもいいだろう。

　一方、ラバーは消耗品なので（数カ月で貼り替える）、レベルアップに合わせて買い替えていけばいい。最初は3,000円強までのものを選べばいいだろう。ラケットとラバー両面の合計金額で、およそ1万円と見ておけばOKだ。

選ぶのも楽しい!?
ラバーは種類がたくさん！

なんと1,000種類以上!?

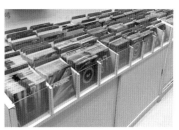

　卓球のラバーは、実はものすごく多彩。公認されているラバーの種類は、何と1,000種類以上もあるのだ！　そのうち国内で流通している商品だけでも数百種類。卓球専門店には、四角いジャケットに入ったラバーがズラリと並んでいて、見た目も壮観だ！

卓球専門店のラバーコーナー

まずは裏ソフトで始めよう！

　たくさんのラバーがあると、「どうやって選べばいいの!?」と思うだろう。ラバーはいくつかの種類に分類され、主なものは「裏ソフトラバー」「表ソフトラバー」「粒高ラバー」などがあるが（詳しくはp.26～27）、初心者はズバリ、裏ソフトラバーを選ぼう。裏ソフトは最も回転がかかるタイプであり、"卓球の神髄"とも言える回転のかけ方をマスターするのに最適だからだ。そしてレベルを問わずに最も使われているラバーでもある。

▶ 裏ソフトがオススメな理由 ◀

・一番回転がかかる
・主流の用具で技術を習得
・あらゆるプレーが可能

オススメ！

裏ソフトラバー

Silver

SLIVER

表面が平らで、回転がよくかかり、スピードも出るので、多くの選手が使えるラバー

弾み過ぎに注意！

「弾む＝勝てる」ではない！

　初めてのマイラケ選びで、一番のポイントが「弾み」だ。「トップ選手と同じ高性能な用具を使いたい！」と思う人もいるかもしれないが、初心者にとって、そのような用具は弾み過ぎてミスのもと。ボールが入らないと試合では勝てないのだ。

　また、弾み過ぎてコントロールが難しいと、様々な技術をマスターしにくくなる危険性もある。

　特にラケット本体は、トップ選手でも極端に弾むモデルを選ぶ人は少ない。なぜなら、ラケット本体が弾み過ぎると、ボールに「回転」をかけにくくなってしまうからだ。卓球にとって重要な「回転」の感覚を覚えるためにも、弾みが控えめの用具からスタートするのがオススメなのだ！

コントロール
できない!?

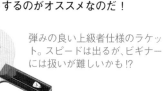

弾みの良い上級者仕様のラケット。スピードは出るが、ビギナーには扱いが難しいかも!?

ラケット選び ビギナーのポイント

シェークハンド

ペンホルダー

　シェークでは、グリップ（柄）の形状が何種類かある商品が多い。まっすぐな形状のST（ストレート）と先端が広がるFL（フレア）が代表的な形状。握って持ちやすいほうを選ぼう。

　ペンは日本式と中国式で、握った感覚がかなり違う。実際に握って、操作しやすいほうを選ぼう。ラケットについて詳しくはp.22〜23参照。

ST（ストレート）　FL（フレア）

日本式
（片面タイプ）

中国式
（両面タイプ）

➡ FLはがっちり握れて、STは握りを変えやすい
➡ ペンで両面にラバーを貼るなら中国式
➡ 実際に握ってしっくり来るものを選ぶ

ビギナー用具の
注意ポイント
02

重過ぎに注意!

重過ぎは振り遅れの原因

　「重量」も重要ポイントだ。目まぐるしいスピードでボールが飛び交う卓球では、すばやくラケットを振れないと致命的。よほどの技術と体力がないと、重いラケットは使いこなせない。

　ビギナーにとって使いやすいラケット重量の目安は、ラバーを貼った状態で、シェークなら160gくらい、ペンなら140gくらいまで。10gの差でも、実際にプレーすると意外と大きく感じるのだ。個人差もあるが、ラケットをとっさにパッと出せるくらいのものならOKだ。

　ラバーについては、スポンジの厚さが厚いほど重くなる。まずは薄めのスポンジで軽いラバーを選ぼう。

重くて
振れない……

実際の重量は?

ラケット	ラバー （打球面のサイズ）
約**75～95g**	約**30～45g**

特にペンの両面にラバーを貼る場合、
ラケット本体は軽いものを選ぼう

ラバー選び ビギナーのポイント

　初心者はまず「裏ソフト」からスタート。裏ソフトの中でも、初心者用の商品は弾み過ぎず、スポンジが軟らかめのものが多い。軟らかいほど、コントロールしやすいからだ。

　また、ラバーはトップシートとスポンジの二層構造になっている（下写真）。スポンジは「特厚」「厚」「中」「薄」「極薄」など、3～5種類ほどから選ぶことができる。まずは、軽くて使いやすい「中」か「厚」くらいから始めよう。

➡ まずは「裏ソフト」から
➡ スポンジの厚さは「中」か「厚」
➡ スポンジは軟らかめが使いやすい

まずは中か厚を!

厚い		薄い
	トップシート	
	スポンジ	
弾む 重い		弾まない 軽い

一歩進んだ

p.20でラケット選びの基礎知識を紹介したが、ここではより詳しい知識を紹介しよう。

▶ 日本式ペンラケットのブレード形状

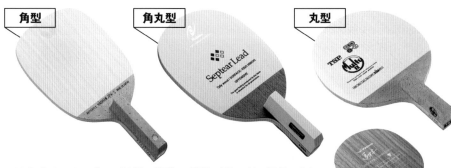

角型　　　角丸型　　　丸型

日本式ペンは、ブレード（打球面）の形状が様々だ。細長い「角型」は、強打時の威力重視タイプ。幅広の「丸型」は、操作性や安定性を重視したタイプ。そして中間的な形状の「角丸型」もある。初心者は、バランスが取れた角丸型からスタートするのがおすすめだ。

中国式ペンはみな丸型

▶ 新たな戦型に挑戦!カット型ラケット

卓球を始めて半年～1年ほど経ったら、新たな戦型に挑戦したい人も出てくるだろう。もし「カット型」になるなら、ぜひとも「カット用（守備用）ラケット」を使おう。一般的な攻撃用ラケットより弾みが控えめで、ブレード（打球面）が大きめなので、安定したカットができる。

ちなみにラバーは、両面裏ソフトのままで、回転をかける感覚を磨くのもあり。バック面は粒高や表ソフトなどを貼る選手も多いが、裏ソフトよりカットの抑えがききやすく、また両面を異質にすることで球質に変化をつけられる。

カット用（左）は一般的な攻撃用よりひと回り大きい

ラケット	弾みは控えめ
	ブレードが大きめ
ラバー	安定性や回転性能の高いものを
	フォア面裏ソフト、バック面はさまざま

ラケットの知識

ひとくちにラケットと言っても、形状や板の構成は様々なのだ！

▶ 複数の板が貼り合わされた「合板（ごうはん）」

ラケットの側面（サイド）を見ると、右写真のように複数の板が貼り合わされてできていることがわかる。1枚板の「単板ラケット」も存在するが少数派で、多くのラケットはこのような「合板」なのだ。板の枚数が5枚なら「5枚合板」、7枚なら「7枚合板」と呼ばれ、枚数が多いほうが弾む場合が多い。初心者には、ボールをコントロールしやすい5枚合板がオススメだ。

ラケットの素材は木材が基本となるが、中には板と板の間にカーボン（炭素）などの繊維（せんい）素材を挟（はさ）み込んだものがある。「特殊素材」ラケットと呼ばれ、弾みが良いので中・上級者向きとなる。

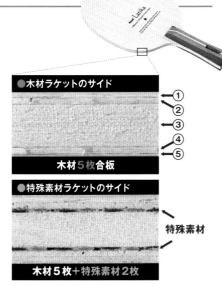

● 木材ラケットのサイド
① ② ③ ④ ⑤
木材5枚合板

● 特殊素材ラケットのサイド
特殊素材
木材5枚＋特殊素材2枚

ルール上 OK!?

サイズが極端に大きいラケットは？

超巨大なラケットなら、簡単にボールに当てられる!?……などと考えたことのある人は多いだろう。実はルール上、ラケットのサイズに規定はない。ただし、実際に販売されているラケットで巨大なものは存在しない。大きいと、とっさの操作（そうさ）がしにくく、実戦では不利になるからだ。また販売されているラバーも20㎝四方以内で、巨大ラケットに合うサイズの製品は販売されていない。

ラバーで回転が

[裏ソフトラバーのメカニズム]

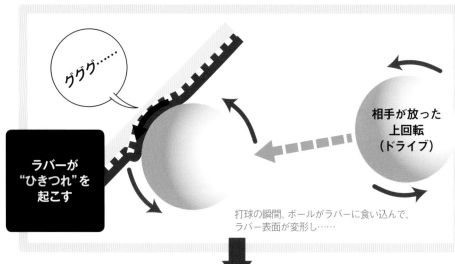

ググ……

ラバーが
"ひきつれ"を
起こす

相手が放った
上回転
（ドライブ）

打球の瞬間、ボールがラバーに食い込んで、
ラバー表面が変形し……

ゴムの反発力が回転の源！

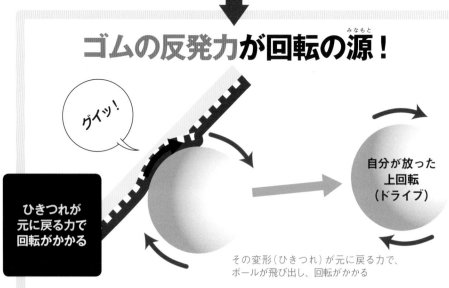

グイッ！

ひきつれが
元に戻る力で
回転がかかる

自分が放った
上回転
（ドライブ）

その変形（ひきつれ）が元に戻る力で、
ボールが飛び出し、回転がかかる

生まれる

ラバー表面の変形が元に戻る力で、回転がかかる

卓球の醍醐味であり、他のスポーツを圧倒する「回転」。それを生み出すのは、卓球独自のアイテムである「ラバー」、つまりラケット表面のゴムだ。ゴムはいかにも摩擦力が高そうだが、そのメカニズムをより詳しく見てみよう。左ページの図が、裏ソフトラバーで、相手の上回転（ドライブ）を打ち返す時の様子だ。

打球の瞬間、ボールがラバーに食い込む。その時、ボールの回転の力を受けて、ラバーの表面（トップシート）側が、"地滑り"のように横向きにひずむ（＝ひきつれ）。

すると、"ひきつれ"が元に戻ろうとするラバーの力によって、ボールが逆向きに回転する。こうして、上回転に対して上回転をかけ返すことになるのだ。

下回転の「ツッツキ」でも、これと同じ仕組み。相手の下回転のボールを、下回転にして返球することができる。

圧倒的な回転量を誇る、五輪金メダリスト 馬 龍（マ・ロン／中国）のドライブ

ボールが"滑る"粒高ラバー

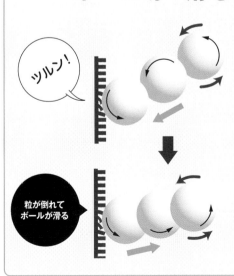

ツルン！

粒が倒れてボールが滑る

上の説明は「裏ソフトラバー」の場合だが、「表ソフトラバー」も基本的に同じ。ところが「粒高ラバー」だと話が変わってくる（各種ラバーについては次ページ参照）。左図は、表面の粒が細長い「粒高ラバー」で打球した時の様子だ。ボールが当たった瞬間に、粒が倒れることでボールが滑る。そのため、回転がそのまま残って返っていく。図から、相手の打った上回転が、下回転になって返っていく様子がわかるだろう。この性質を利用し、相手のドライブ（上回転）をカット（下回転）で返球する「カット型」の選手が、粒高ラバーを使うケースが多い。

回転と弾みは様々!
ラバーの種類

ここでは「回転」をキーワードに、さらに細かいラバーの分類を見ていこう。
ラバーの種類によって回転や弾みは様々だ!

主流ラバー

裏ソフトラバー

優れた回転と弾み

表面が平らで、回転がよくかかり、スピードも出るラバー。レベルを問わずに幅広い選手が使用するラバー

回転力 ★★★★★

アンチラバー

表面が滑る

回転力 ★

↑正式名称はアンチ・トップスピンラバー。見た目は裏ソフトと同じだが、表面の摩擦が少なく、表面でボールが滑る

裏ソフトとアンチ共通

裏ソフトの分類

テンション系	・引っ張られたバネのような状態に保たれたラバーで、弾みと回転の性能が高い。中級以上の多くの選手が使用
高弾性	・テンションがかかっていない裏ソフトで、様々な技術がやりやすい。スポンジが軟らかい高弾性裏ソフトは初心者向き
粘着性	・表面に粘着性があり、ボールのひっかかりが良く、回転をかけやすい。中国選手の使用率が高い

まずは裏ソフト。"戦型"が決まったらそれ以外の検討を

卓球のラバーは、主に以下の5種類に分類される。現在、もっとも主流なのは「裏ソフトラバー」だが、続いて使用者が多い「表ソフトラバー」など、他のラバーについても気になるところだろう。ビギナーはまずは裏ソフトでひととおりの技術をマスターし、半年〜1年経って、戦型（プレースタイル／p.10〜11）が定まってから、ラバーの種類の変更を考えよう。しかしその前に、基礎知識として様々なタイプのラバーがあることは知っておこう。回転が多彩な卓球。それを象徴するように、回転を生み出すラバーも多彩なのだ。

表ソフトラバー
速攻タイプ
回転力 ★★★★

表面に粒があるタイプ。裏ソフトよりも回転はかからないが、ボールが少しだけ滑るため、相手の回転の影響が少なく、速攻に適する

粒高ラバー
変化球を生む
回転力 ★★

表ソフトの粒が、より細く高いもの。ボールが滑ることで変化を生む。スポンジのない「粒高一枚ラバー」もある

一枚ラバー
スポンジなし
回転力 ★★★

表面に粒があるトップシートのみで、スポンジがないラバー。卓球ラバーの元祖がこのタイプだ

細かく分類される、多様なラバー。違いは"回転力"

たくさんあるラバーの最大の違いは「回転力」だ。回転力が最も高いのが「裏ソフト」。逆にボールが滑る（p.25下段）「粒高」や「アンチ」は、相手の回転を残すことはできるが、自分から回転をかける性能は低い。「表ソフト」や「一枚」は、その中間的な回転力と言える。

さらに、左ページ下段のように、同じ裏ソフトラバーでもいくつかのタイプに分類される。同様に、表ソフトラバーも「回転系」「スピード系」「ナックル系」などがあり、ラバーの種類は実に様々だ。

ラバーの貼(は)

① ラバーのスポンジ面に接着剤を出す

ラバーのスポンジ面（打球面の裏側）に、卓球ラバー専用の接着剤を適量出す（適量はおよそ10円玉大くらいが一般的だが、接着剤ごとに異なる）

② 接着剤を全面に伸ばす

その接着剤専用のスポンジで、接着剤を全面に均一に伸ばす。ゴシゴシ擦(にす)ると固まってしまうので、力を入れずに、すばやくスムーズに伸ばそう

③ 塗ったら10分ほど乾かす

全面に塗ったら、そのまま置いて乾かす。塗った直後は白い接着剤が、だんだん透明になっていく。乾燥時間は、接着剤、気温、湿度などでも変わる

④ ラケットの打球面にも塗る

ラバーは2枚とも同様に接着剤を塗る。そしてラケットの両面にも同様に接着剤を塗る。ラケット、ラバーともに乾いたら貼り付け準備OKだ！

⑤ 乾いたら貼り付ける

ラバーをラケットに貼る。グリップ寄りから貼り始め、ラバーを軽く反(そ)らせながら、先端方向に向けて貼っていく

⑥ 貼り付け完了

貼り付けた状態。貼る時は、中に空気が入らないようにし、あまりラバーを引っ張らないようにする

り方

ラバーは消耗品なので、定期的に貼り替える必要がある。卓球専門店で貼り替えをお願いできることもあるが、自分でも貼り方を覚えておこう！

⑦ 軽く押さえてしっかり接着

ラバー表面に紙などをあて、上から手のひらで軽く押して貼り付ける。ラバークリーナーの缶などをローラーの要領で転がし、軽く押さえつけても良い

⑧ ハサミで余分な部分を切る

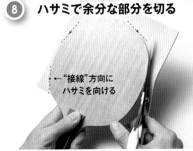

←"接線"方向に
ハサミを向ける

ラケットのブレード（打球面）の形にあわせて、ラバーをハサミで切る。ブレードからはみ出たり、ブレードより小さくなったりしないように慎重（しんちょう）に！

⑨ 裏面も同様に貼って余分を切る

反対側の面にも同様にラバーを貼る。そして同様に、そのラバーもブレードの形に切る

⑩

完成!!

きれいに切るコツ

最大のポイントは、大きめで、よく切れるハサミを使うこと！ そして、ハサミを動かすのではなく、ラケットを回しながら、1回の刃入れで長い距離を切るのがコツだ。刃は常に板に対して垂直に入れ、ハサミの向きが常にブレードの接線方向を保つように意識しよう（写真⑧）。

➡ 大きめのよく切れるハサミを使う
➡ ラケットを回しながら1回で長く切る
➡ ハサミをブレードの接線方向に

切れるハサミを用意しよう！

ラケット&ラバーの

裏ソフトラバーのお手入れをしよう!

① ラバー表面に専用クリーナーを出す

裏ソフト専用ラバークリーナーには、泡タイプと霧タイプがある。製品の説明書きにある適量をラバー表面に出す

② 専用のスポンジでふきとる

別売りの専用ふきとりスポンジで、ラバー全面をふきとって汚れを取り除く。強く擦(こす)りすぎないように

③ ラバー保護フィルムを貼る

裏ソフトラバー用に、表面を保護する専用フィルムがあるので、クリーナーをかけた後に貼ろう

④ 保護フィルムの余りを切り取る

保護フィルムの余分を、余裕を残してハサミで切り取る。ちなみに表ソフトや粒高にはクリーナーやフィルムは不要

ラケットサイド(側面)の保護

サイド(エッジ)を保護する専用テープ(サイドテープ)。ラケットを台にぶつけることが多い人は貼ろう

ラケットケースに入れよう!

ラケットを使わない時はラケットケースに収納しよう。ゼッケンなど小物も入る

メンテ術

いくら技術があっても、用具の状態が良くないと、試合では勝てない。ここではラケット＆ラバーのメンテナンス術を紹介しよう！

ペンラケットのグリップを削ろう！

① 人差し指が当たる部分を削る

ペンラケットを買ったままの状態で握ると、人差し指が当たる部分が痛い。まず指が触（ふ）れる位置を確認し、その箇所をカッターや小刀で少しずつ削る

② 紙ヤスリで滑らかにする

次に紙ヤスリや金ヤスリをかけて滑（なめ）らかにする。ラケットを買った専門店でも削ってくれる場合があるが、握り方に合わせて自分でできればベターだ

③ 削って握ってを繰り返して完成

完成!!

親指を深く入れる握りの人は、親指が当たる部分も少し削る。少し削っては握ってを繰り返し、しっくり来たら完成

シェークは削る？

シェークラケットのグリップは、基本的には削る必要はない。親指が当たる部分（写真○印）が気になる人は、少しだけヤスリをかけよう

削り過ぎに注意！

ラケットを削る時は、何よりも削り過ぎに注意！ 少しだけ削っては握ってを繰り返すのはもちろんだが、軽く削った時点で実際にプレーして確かめると良いだろう。

卓球 おもしろエピソード

その1

起源はイングランド紳士淑女の遊戯

1880's
in England

イングランドの上流階級で誕生

「卓球」が生まれたのは、1880年代のイングランド。上流階級のテニス愛好家が、雨の日に屋内でテニスの代わりに始めた遊戯が起源と言われている。

1902年頃に "Ping Pong" として世界的に大ブームとなり、そこから徐々に競技スポーツとしての "Table Tennis"（テーブルテニス＝卓球）へと発展していったのだ。

シャンパンのコルクをボールに

当時の上流階級の各家庭には、広いスペースと大きなテーブルが備わっていたことから生まれた卓球。当初は、シャンパンのコルク栓を丸めたものをボールにして、葉巻たばこのふたをラケットにしてプレーした、という説もある。なお、当時の卓球はディナーの後のお楽しみということで、正装してプレーするのが礼儀だったとか。

ブドウ棚の下でピンポンを楽しむ貴婦人たち

1890年代に発売されたピンポンセット。ラケットは、「バトルドア」と呼ばれる中空の皮張りで、柄（え）も長め

半年で基本技術をマスター!

よーいドン!
卓球
技術編
前編

技術編の前編(レッスン1〜6)
では基本技術を紹介。半年
で卓球のひととおりの技術
をマスターしちゃおう!

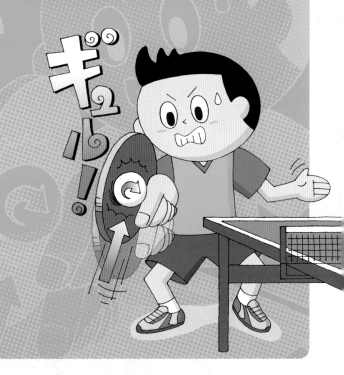

基本打法で
ラリーを
続けよう！

まずは基本技術の
「フォアハンド＆バックハンド」。
基本のテクニックを覚えて、
ラリーが続けられる
ようになろう！

LESSON

01

※解説は右利きの選手を想定しています
（左利きの選手は左右を逆にして考えてください）

正しいラケットの持ち方を学ぼう！

STEP 01 握り方 （グリップ）

キヌコ先生

ガチガチ
グリップは
ダメ！

握り方はすごく大切。力の入れすぎに注意!

　ボールを打つ前にチェックしたいのがラケットの握り方（グリップ）。正しいスイングを覚えるために重要で、ポイントは力を入れすぎないこと。柔かく握ることでラケットをコントロールしやすくなります。

シェーク

親指は
立てすぎない ✕

人差し指は伸ばして
ラケットの端に ✕

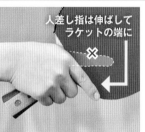

●握手するように握るシェーク。人差し指は伸ばして、中指・薬指・小指の3本でラケットの柄をつかみます。打球していると、親指や人差し指が、ラケット面の中央に上がってきてしまう人がいるので注意しましょう。

―――――――― フォア面（表面） ―――――――― バック面（裏面） ――――――――

ペン

親指で面を押す

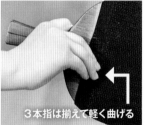

3本指は揃えて軽く曲げる

●親指と人差し指で柄の根元をつかみ、他の3本指は裏面につけます。3本指は、ピンと伸ばさず軽く曲げるほうが良いでしょう。親指がフォア面（表面）にかかるところ（黄色丸印）を押さえる力加減で、面の向きを調節できます。

前傾姿勢

ひざを曲げる

肩幅に広げる

動きやすい姿勢で立とう！

STEP 02 構え

足を肩幅くらいに広げて
ひざを軽く曲げる

　構え方（立ち方）は、足を肩幅くらいに広げ、ひざを軽く曲げ、上半身は少し前に倒して、前傾姿勢にします。ただし、ひざの曲げすぎ、上体の倒しすぎはダメで、左写真くらいが良いでしょう。また台との距離は、構えた時にラケットがギリギリ台に触れるくらいが目安です。

まずはココからスタート！

STEP 03 フォアハンド

「頂点」でとらえて、ななめ上にスイング

　最初に覚えるのが「フォアハンド」。フォア側（利き腕側／p.14参照）に来るボールを打ち返す基本技術です。基本の構えで相手からのボールを待ち、ボールが来るのに合わせてラケットをフォア側に引き（※バックスイング／上写真①〜⑤）、体の右ななめ前で打球しながら、ラケットを左ななめ上にスイング（⑥〜⑩）。ひじはあまり動かさず、前腕（ひじから先）をコンパクトに使います。ボールをとらえるタイミングは、バウンドしてから一番高いところ、「頂点」で打つように意識します。早すぎたり遅すぎたりしないよう！

前腕を使ってスイング！

キホンのタッキュー語
「バックスイング」
打球直前にラケットを引く準備動作。「テイクバック」とも言う。

キホンのタッキュー語
「頂点」「打球点」
飛んでくるボールのバウンドの一番高いところが「頂点」。打球するタイミング、ポイントを表す言葉が「打球点」。

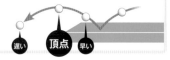

遅い　頂点　早い

スイングの基本はペンも同じ！

①に戻る

ココが
大事よ！

キヌコ先生直伝！上達のツボ

つま先、ひざ、腰を回す！

フォアハンドで大切なのは、腕だけで振らず、下半身を使うこと。打球と同時に腰を回し、それに合わせて腕のスイングがついて来るイメージで打つのが理想です。下半身を回す時のポイントは、つま先、ひざの向きも変えること。連続写真を見ると、バックスイングでつま先、ひざ、腰が右側に回転し、打球と同時に逆側に回転して打っているのがわかります。この動きを参考にして、安定したフォアハンドを身につけてください。

GOOD!

腰だけでなく、
ひざ&つま先も
一緒に
回ってる!

そもそも卓球で
「返球できた」
となるケースは？
p.41で超基本の
ルールをチェック！

おなかの前で打球するもうひとつの必須テクニック

STEP 04 バックハンド

打つ面を正面に向けて、ひじを支点に前方にスイング

　フォアハンドと同じく基本打法として最初に覚えるのが、「バックハンド」です。体の正面に来るボールに対して、バック面（ペンは裏面）で打ち返します。

　ボールが来たら、打球する面を前方に向けて、おなかの前あたりにラケットを引きます（上写真①〜④）。ひじを支点にしながら、前腕を前に出して打球（⑤〜⑧）。ラケットの先端（ラケットヘッド）を回すイメージで振ると良いでしょう（左下写真）。打球点は頂点よりも少し前となり、フォアハンドより少し早めのタイミングでボールをとらえます。

ひじを支点に先端を回そう！

> **注意** 反対の手はダラッと下げない　走っている時の形で！
>
> ラケットを持っていない反対の腕（「フリーハンド」と言う）が、ダラッと下がってしまうのはダメ。体のバランスがとれなくなります。「走る時」のように軽くひじを曲げて、体の横に置くようにしましょう

スイングの基本はペンの裏面バックハンドも同じ！

①に戻る

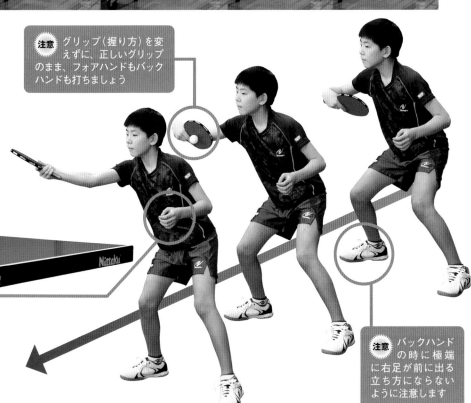

注意 グリップ（握り方）を変えずに、正しいグリップのまま、フォアハンドもバックハンドも打ちましょう

注意 バックハンドの時に極端に右足が前に出る立ち方にならないように注意します

ペンのもうひとつのバック技術
バックショート

　ペンでは表面で打球する「バックショート」と言うテクニックもあり、フォア面を正面に向けて前に押し出すようにして打球します。現在は、より攻撃力のある裏面バックハンド（左ページ）が主流です。

ボールを投げ上げて、打球するラリーの1球目

サービス（基本の出し方）

スイングの基本はフォアハンド

ラリーの1球目、自分からボールを投げ上げて相手コートに打つのが「サービス（サーブ）」。初歩的なフォアハンド・サービスは、台に対して少し右方向を向いて立ち、ボールを手のひらに乗せて構えます。ボールを真上に投げ上げて、ボールが落ちてくるところを打球して前方に飛ばします。

自分の
コートに
バウンド
させる！

注意 「手のひらに乗せる」「真上に投げる」「落ちてくる途中で打つ」が基本のルール

スイングの基本はフォアハンドと同じなので、打ち方や力加減はフォアハンドのイメージで打ちます。ただしサービスの場合、最初に自分のコートにバウンドさせる必要があります（右ページ参照）。ビギナーはゆっくりのサービスで良いので、安定して出せることを目標にやってみましょう。

家でできる秘密特訓！
ボールつきで打球感覚を磨こう

早く上手になりたい人は、家でもできる練習として、「ボールつき」にトライ！ 真上にボールを連続して打つ、卓球のリフティングです。フォア面で打ったり、バック面で打ったり、交互に打ったりと、いろいろな方法があります。この練習でさらに打球感覚が身につきます。

フォア面
でも

バック面
でも

目標は100回！

コレだけは覚えておきたい / 超基本のルール

ラリーをするうえで最低限覚えておきたいルールを勉強しましょう

 ワンバウンドしたボールを相手のコートに打ち返す!

ラリーは、相手が打ったボールが自分のコートにワンバウンドしたら、打ち返して相手のコートに入ればOK。それをお互いに続けることでラリーになります。

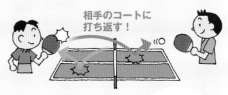
相手のコートに打ち返す!

×ツーバウンドで打つ

×バウンド前に打つ

打つ前にコートで2回以上バウンドしたり、バウンドする前に台上で打って返球すると失点(相手の得点)

試合をするうえで覚えておくべきより詳しいルールはp.164〜172へ!

 自分のコートにバウンドさせてから相手のコートへ

自分のコートにも1回バウンド

サービスは、ラリー時の返球と違い、自分のコートにバウンドさせてから相手のコートに入れなければなりません。

クリアできるかな? 今回の タクチャレ! Takkyu Challenge

目標
フォアハンド バックハンド
FH・BH それぞれで 100往復!

連続ラリーに挑戦だ!

仲間とフォアハンド対フォアハンド、バックハンド対バックハンドでラリーを続けるのが最初の課題。まずは10往復くらいを目標にスタート。コースがバラバラになるとラリーが続かないので、コースとリズムが一定になるように。最終目標は「100往復」。うまくいかない時は、上手な先輩に相手をお願いして、クリアを目指しましょう!

よーいドン!
10往復! ラリー LEVEL 1 →
ここは最低ライン!
20往復! ラリー LEVEL 2 →
50できたら大したモノ!
50往復! ラリー LEVEL 3 →
ゴール!
100往復! ラリー LEVEL 4

クリアしたら基本はバッチリ!

いち、に、さん…

うまくいかない時の「帰る家」!?
素振りで作ろう！
フォームのホーム

素振りで上達スピードアップ＆フォームのチェックもできる!

きれいなフォーム（スイング）を身につけるために練習で取り入れたいのが「素振り」。ボールは打たずに、スイングを行う練習法です。まずはフォアハンド＆バックハンドの素振りをやってみましょう。鏡の前でやると、正しく振れているかチェックできるのでオススメです。

素振りで正しいフォームを身につけると技術が上達するのはもちろんですが、「困った時にフォームのチェックができる」というメリットもあります。調子を崩して、自分の理想のフォームがわからなくなった時に、素振りで再確認すればすぐに修正ができます。

逆に素振りをしていないと、自分のフォームがわからないので、どこがダメかがわかりません。つまり素振りは、フォーム作りであると同時に、自分なりのお手本となる「ホーム作り」でもあるのです！

Form My Home

偉関TTLの場合

練習のスタートは全員で素振り。選手同士のアドバイスもある!

素振りを積極的に取り入れている偉関TTL。練習のスタートは、全員で素振りを行い、フォームをチェック。素振りの内容は、基本的なものから高度な技術、実戦的な動きなど様々だ。

2人1組で素振り!

後ろの人がアドバイス!

2人1組で、ひとりは台について、もうひとりは後ろで素振り。後ろの人は前の人のフォームチェックを行い、交代する時にアドバイスもする

実戦をイメージして素振り!

キホンのタッキュー語講座 Vol.02

Straight ストレート & *Diagonal* クロス

※クロスは英語では
diagonal（対角線）

サイド
ラインに
平行な方向

対角線
方向

比較的
打ちにくい

比較的
打ちやすい

斜め方向のクロス、縦方向のストレート

※イラストと図は右利きの場合

「クロス」は、台に対して対角線方向、つまり斜めに打つコース。一方「ストレート」は、台のサイドライン（またはセンターライン）に平行な方向、つまり縦に打つコースだ。上イラストと右図Aは、台のフォア側から打つ場合で、フォアクロスとフォアストレートと言う。また右図Bのようにバック側から打つ場合は、バッククロスとバックストレートという。

卓球台の縦は274cm、対角線は約314cmで、対角線のほうが約40cm長い。だから台の近く（前陣）で打つ場合、ストレートはクロスより40cmほど短い範囲にボールを入れる必要がある。そのため、ストレートよりクロスのほうがミスなく打ちやすいのだ。

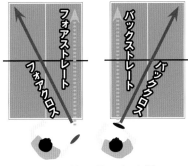

A：フォア側　　B：バック側

※クロス、ストレートはコースを表す用語で、
打法（フォアハンドかバックハンド）とは無関係

＋αのタッキュー語集

【サイドライン】
卓球台の左右、両サイドの縦の線。幅2cmの白線で示される。また中央の縦の線は「センターライン」で、幅3mmの白線（詳しくはp.138）

【エンドライン】
卓球台の手前と奥、両側の横の線。幅2cmの白線で示される

【エンド】
双方の競技者それぞれがプレーする領域。試合前のジャンケンで勝つと、サービス、レシーブ、エンドのいずれかを選べる

卓球 おもしろエピソード

その2

おもちゃのセルロイド球から"ピンポン"大流行

1900
in England

偶然見つけたボールから "Ping Pong" が生まれた

　コルクを丸めたものや、ゴムボールからスタートした卓球のボール。それが現在のようなボールになったのは、卓球誕生から間もない1900年のこと。イングランド・ロンドンのジェームズ・ギブという男性が、渡米先のニューヨークのおもちゃ屋で、偶然セルロイド製の球を見つけ、「これは卓球に使える！」と思いついたことがきっかけだ。

　彼は本国に持ち帰り、そのボールを当時の羊皮紙張りのラケット「バトルドア」で打球した時の音が「ピン」「ポン」と響いたことから、「Ping Pong」の呼び名が生まれたという。

　ゴムボールではラリーが単調ということで、ちょうど卓球人気が落ちかけていたタイミングでの出来事だ。セルロイド球の登場のおかげで、ピンポンは大流行。流行が頂点を迎えた1902年には、ピンポンパーティーや大会が各地で催されたという。そして卓球は、イングランドからヨーロッパ、アメリカ、アジアへと広まっていった。

→1902年製造の直径38mmのセルロイド球。2000年10月に40mmへ変更、2014年にプラスチック製に

←彫刻が施された装飾用ラケット

→ピンポンパーティーへの招待状

↑1902年開催の大会のメダル。男女混合シングルスが行われた

半年で
基本技術を
マスター！

フットワークを使って
ラリーをしよう

フォアハンド、バックハンドができるようになったら、ラリーに挑戦したいところ。そこでレッスン2ではラリーを続けるためには絶対欠かせない「フットワーク」を勉強するぞ！

LESSON
02

基本のラリーを覚えたら、次は「フットワーク」に挑戦だ！

卓球が上達するためには、腕の動きはもちろん大切ですが、同じくらい重要なのが足の動き、「フットワーク」です。実戦のラリーでは、ボールはいろいろなコースに飛んでくるので、フットワークを使って打ちやすいところに動いてから打球することがとても大切。フットワークを使うことで、ミスなく安定して打球できますし、相手の難しい返球にも対応できるようになります。

基本のフォアハンド、バックハンドを覚えたら、フットワークを使った練習にどんどん挑戦してください！

フットワークが 身につくと……	→	・ラリーのミスが減って、安定性UP！ ・難しいボールも返せるようになる！

フットワークを入れた、フォアハンドとバックハンドの素振り。フォアハンド→バック側にフットワーク→バックハンド→フォア側にフットワーク、を繰り返す。

左右のフットワーク（素振り）

フォアハンド

まずはフォアハンド！

① ② ③

棒立ちはダメ！
ひざを軽く
曲げて
動きましょう！

移動完了！

右足を外側に出す

⑭ ⑬ ⑫

フォア側へのフットワーク

基本の動きをまずは素振りでやってみよう!

STEP 01 左右のフットワーク

片方の足を近づけ、もう片方を外側に出し、横方向にステップ

　フットワークで最も基本となるのが、左右の動きです。基本的には体を正面に向けて、横に動きます。まずはボールは打たず、素振りで足の動きを確認してみましょう。

　動き方は簡単で、左側に動く時は「右足を左足に近づけて、左足を外側に出す」だけ。右側に動く時はその反対になります。トレーニングでよく行われる「反復横跳び」とほぼ同じ動きです。

　最初は足の動きだけやってみて、慣れてきたら腕のスイングも加えて素振りをしてみましょう。下の連続写真は、フォアハンドとバックハンドを加えたフットワークの素振りです。前回学んだフォアハンドのポイントの「腰を回す＆つま先の向きが変わる」もしっかりできています（写真①〜③）。

バック側へのフットワーク

④ 右足を左足に近づける　⑤　⑥ 左足を外側に出す　⑦ 移動完了!

⑪ 左足を右足に近づける　⑩　⑨　⑧ 続いてバックハンド!

バックハンド

フットワークを使った打球にチャレンジ！

フットワーク練習

2カ所に返球してもらい、動きながら打つ

素振りで動き方を覚えたら、実際にフットワークをしながらの打球にチャレンジしてみましょう。まずは、コートの2カ所に交互に返球してもらい、左右に動きながらフォアハンドで返す、基本的なフットワーク練習です（右図と下写真）。

最初はゆっくりのテンポで良いので、正確に打ち返すことを重視して、丁寧にラリーを続けましょう。

このようにフットワークのレベルアップを目的とした練習を「フットワーク練習」と言います。初心者はもちろん、トップ選手も行う非常に大切な練習です。

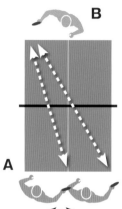

B

A

練習メニュー01

フォアハンド 2点フットワーク

BがAのコートのフォア側とミドル（台の中央）の2カ所に交互にフォアハンドで返球。Aは、フォア側でフォアハンド→バック側に動く→ミドルでフォアハンド→フォア側に動く、を繰り返してラリーを続ける

別バージョンとして、【バック側＆ミドル】の2点でもやってみよう

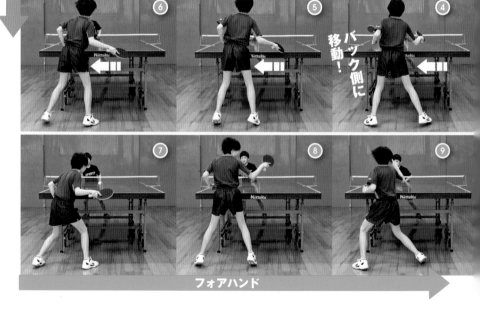

バック側へのフットワーク

⑥　⑤　④

バック側に移動！

⑦　⑧　⑨

フォアハンド

Let's チャレンジ！**オススメ・フットワーク練習**

練習メニュー02

バックハンド 2点フットワーク

【練習メニュー01】の バックハンドバージョ ン。バック側とミドル に交互に来るボールを、 バックハンドで打球。 常に体の正面でボール を打てるようにしよう

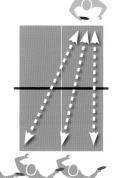

練習メニュー03

フォアハンド 3点フットワーク

【練習メニュー01】の3 点バージョン。フォア 側→ミドル→バック側 →ミドル→フォア側 ……と返球してもらい、 すべてフォアハンドで 打球する

急ぎすぎに 注意ヨ！

キヌコ先生直伝！上達のツボ ## 打ちながら動くのはダメ！

　フットワーク練習で意識したいのが、 「打ち終わってから動く（移動する）」とい うことです。早く動こうとして、横に跳 びながらスイングしてしまう人がいますが、 これだと打球が安定しません。しっかりと 床に足をつけて打球をして、振り終わっ てから動くようにしましょう。最初から 無理に早いテンポでやろうとせず、間に 合うテンポで返球してもらうことも大切 です。

フォアハンド

③ ② ①

⑩ フォア側に移動！ ⑪ ⑫

フォア側へのフットワーク

フォアハンドとバックハンドを混ぜて打ってみよう!

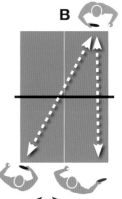

STEP 03 FHとBHの切り替え練習

フットワークも入れて、2つの打法を使い分ける

次はフォアハンドとバックハンドを混ぜたラリーに挑戦してみましょう!

たとえば、フォア側とバック側に交互に返球してもらい、左右のフットワークも使いながら、フォア側のボールをフォアハンド、バック側のボールをバックハンドで打球します（右図）。2つが混ざるとラリーの難易度もアップするので、繰り返し練習して、安定して打ち返せるようにしましょう。

このようなフォアハンドとバックハンドを混ぜる練習が「切り替え練習」です。非常に大切なメニューなので、初心者のうちからどんどん練習してください。

練習メニュー 04

FHとBHの切り替え（1本ずつ交互）

打ち分け係Bが、切り替え係Aのコートのフォア側とバック側にバックハンド（フォアハンドでもOK）で返球し、Aはフォアハンドとバックハンドで打球する。1本ずつ交互に行うやり方、フォアとバックを2本ずつ打球するやり方もある

キホンのタッキュー語

「切り替え」

フォアハンドからバックハンド、バックハンドからフォアハンドに切り替えること。

右足が前に出ない!

バックハンド!

バックハンドからフォアハンドへの切り替え

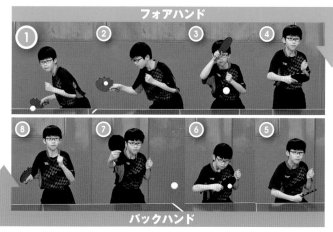

左写真は切り替え練習を正面から見たものです。すでに学んだフォアハンド、バックハンドの理想的なフォームがしっかりできています。

キヌコ先生直伝！上達のツボ　フォアハンドでの「逆足」に注意！

切り替え練習で気をつけたいポイントが、足の位置。バックハンドの時に右足が前に出て、フォアハンドも右足前のまま打球してしまうのは良くありません。フォアハンドは右足が少し後ろに下がった状態で打つのが理想なので、右足前の「逆足」にならないよう注意しましょう。

同様にバックハンドも右足が大きく前に出てしまうのはNG。右足、左足が同じくらいの位置にある「平行足」が良いでしょう。

フォアハンドからバックハンドへの切り替え

Let's チャレンジ！**オススメ・切り替え練習**

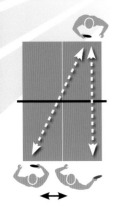

練習メニュー 05

FHとBHの切り替え（1本〜3本）

1本ずつの切り替え→2本ずつの切り替え→3本ずつの切り替え→1本ずつに戻る、を繰り返す。切り替えと同じ打法の連打を組み合わせた、ハイレベルなメニュー

1本ずつ→2本ずつ→3本ずつ

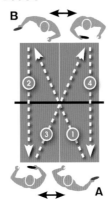

練習メニュー 06

FHとBHの切り替え（N字）

お互いに切り替え練習を行うメニュー。①Aがクロスにフォアハンド→②Bがストレートにフォアハンド→③Aがクロスにバックハンド→④Bがストレートにバックハンド、を繰り返す

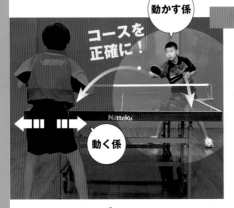

コースを正確に！

動かす係

動く係

キヌコ先生直伝！上達のツボ

「動かす係」も超大事！正確にコースを打ち分ける練習になる！

フットワーク練習や切り替え練習は、「動く係」だけでなく、練習相手となる「動かす係」も必ずやりましょう。動かす係にとってフットワーク練習は、「正確にコースを打ち分ける練習」です。練習相手という気持ちではなく、「自分のための練習だ！」という気持ちで行いましょう。

クリアできるかな？

今回のタクチャレ！
Takkyu Challenge

目標

練習メニュー 01〜06それぞれで 50往復！（動かす係でも！）

今回は例として6つの練習メニューを紹介したので、それぞれ50往復を目標にチャレンジしてください。

できるようになったら、より厳しいコースでやってみたり、ラリーのテンポを早くするなど、自分なりに工夫して、よりレベルの高い方法でやってみましょう。

よーいドン！
10 ラリー 往復！ LEVEL 1
→
まずはここを目指せ！
20 ラリー 往復！ LEVEL 2
→
ゴール！
50 ラリー 往復！ LEVEL 3

基本のラリーはかなり上達しましたね。次は、試合をやってみましょう！

よーいドン！
卓球
技術編
前編

半年で
基本技術を
マスター！

「回転」を
学ぼう！
ツッツキ＆ドライブ

ラリーができるようになったら、いよいよ
卓球のおもしろさである「回転」を覚えてい
こう。ここでは「下回転」を返すための2つ
の重要なテクニックをマスターするぞ！

LESSON
03

まずは基本中の基本、2種類の【回転】を学ぼう！

STEP 01

上回転 & 下回転

説明の前に
Let's 実験ピンポン！

あれれ、落ちる!?

先輩や上級者の人に協力してもらって「下回転」のボールを出してもらいましょう。それをフォアハンドかバックハンドで打球してみると……なぜかボールは下に落ちてしまい、なかなか打ち返せないはずです。どうしてこんなことが起こるのでしょう？　この疑問をスタートラインに、回転の基本を勉強していきましょう。

転がる時の【上回転】、その逆方向が【下回転】

ボールの回転にはいくつかの種類がありますが、まず最初に覚えたいのが上回転と下回転です。

下図のように、上回転はボールが転がる時の回転方向と言うことができます。逆に下回転はその逆で、いわゆる「バックスピン」。ボールが進む方向に対して、反対に戻ろうとする力が働く回転方向です。

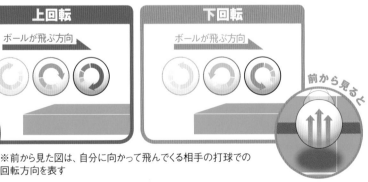

転がる時の回転方向
上回転
ボールが飛ぶ方向
前から見ると

上回転の逆！
下回転
ボールが飛ぶ方向
前から見ると

※前から見た図は、自分に向かって飛んでくる相手の打球での回転方向を表す

ここが大事! 回転で打った時の飛ぶ方向が変わる

　回転が異なると、ボールがラケットに当たった時の摩擦の力で、ボールの跳ね返る方向が変わってきます。

　たとえばまっすぐに立てたラケットで上回転＆下回転のそれぞれを打つと、上回転は当たった時に上方向に飛ぼうとしますが、下回転は当たった瞬間に下に落ちます。

　このように飛び方が変わるので、卓球では相手の打球の回転を判断して、それに合わせた返し方をしなければならないのです。

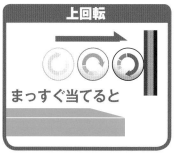

上回転

まっすぐ当てると

上回転は上に飛ぶ！

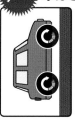

クイズ！ 車はどっちに進む？

飛ぶ方向がわからない人は、車を縦にして考えてみよう。左図のようにタイヤが時計回りに回転していたら、この車は上と下どちらに進む? 答えは「上」。上回転が上に飛ぶのも同じ考え方だ

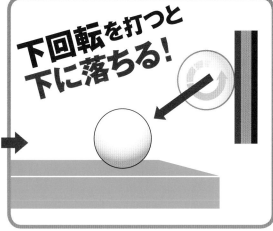

下回転を打つと下に落ちる！

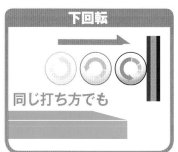

下回転

同じ打ち方でも

実は…… 基本打法のフォアハンドやバックハンドは上回転のボールを打つ時の技術。だから同じ打ち方で下回転を打つと、下に落ちてミスになるのです。ではどうすれば、下回転を打ち返すことができるのでしょう。次ページから2つの技術を紹介！

① ② ③ ④

下回転を返球する時の基本テクニック

STEP 02 バックツッツキ

ラケット面をななめ上に向けて、下回転をかけて打ち返す

　下回転のボールを返球するテクニックで最も基本的なのがツッツキです。ツッツキは打球する面をななめ上に向けて、ボールの下側を軽くこすって返球する技術で、打球したボールも下回転で飛んでいきます。

　バックツッツキは、バック側に来た下回転のボールを体の正面でボールをとらえて返球します。最初は優しく当てる程度にして、回転も無理にかけなくてOK。ツッツキは、次の攻撃につなげたり、相手を動かす重要な技術なので、早い段階でマスターしましょう！

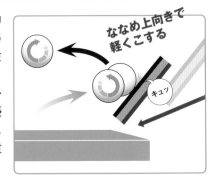

ななめ上向きで
軽くこする

キュッ

キヌコ先生直伝！上達のツボ　短いボールの時は右足を出す！

　相手の打球が短く（浅く）飛んできた時は、右足を前に出して、体をボールに近づけて打つことが大切です。手だけを出してボールを打ちにいかないようにしましょう。

　「ツッツキは右足を出すことが大事」と、よく言われますが、足を出すのはボールが遠い時だけにしましょう。すべてのボールに対して右足を出してしまうと、長い（深い）ボールが来た時に打ちにくくなります。右足を出すのがクセにならないように注意してください。

⑤ ⑥ ⑦ ⑧

←左写真は上回転に対するバックハンドでのラケット。ツッツキ（下写真）との角度の違いに注目！

バックスイングで前腕（ひじから先）を小さく左ななめ上に引き、右ななめ下にスイングして打球する

注意 打つ時に体が左側（バック側）を向かないように注意。体を正面に向けよう

こちらは後回しでOK

フォアツッツキ

　フォア側で打つ「フォアツッツキ」（p.78〜79で紹介）の練習はもう少し後になってからでOK。フォア側に来る下回転のボールに対しては、次ページで紹介する「フォアドライブ」をメインで使っていきたいからです。

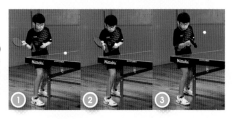

① ② ③

① ② ③ ④ ⑤

強く上回転をかける必須の攻撃テクニック

STEP 03 フォアドライブ

ななめ上にスイングし、ボールをこすり上げる

　下回転に対するテクニックで最も重要なのがドライブです。ドライブとはボールに強い上回転をかける技術のことで、卓球では攻撃の要（かなめ）となる必須テクニックです（※対下回転専用のテクニックではなく、あらゆるボールに対して使います）。下回転は下に落ちやすい性質がありますが、ドライブで下から上にこすり上げることで、ネットミスせずに攻撃的な相手への返球が可能になります。

　スイングは基本打法の「フォアハンド」をベースにして、バックスイングでラケットを下げて、ななめ上方向にスイング。ボールをこするようにして回転をかけます（下図）。

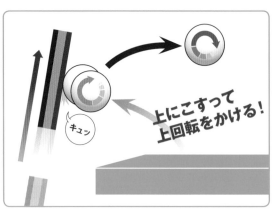

キュッ

上にこすって
上回転をかける！

注意 重心を低くして
「タメ」を作ろう！

　強い回転をかけるためには、下半身が重要。足の力を使えるようにするために姿勢を低くし、バックスイングでしっかりとひざを曲げて、腰をひねることでパワーをためることができます。

ラケットの先端（ヘッド）を回すイメージ！

　上手に回転をかけるには、ラケットの先端、ラケットヘッドを回す（弧を描く）イメージで振ると良いでしょう。バックスイングで横方向に向いている先端（右写真①）が、打ち終わりでは上を向くように振るのがポイントです（③）。

練習方法はp.62～63で紹介！

バックハンドで回転をかける「ドライブ」テクニック

STEP 04 バックドライブ

先端を回しながら、ななめ上に振ってボールに上回転をかける

相手の下回転のボールに対して、フォアドライブと同様にバックドライブでも打てるようにしましょう。スイングは基本打法の「バックハンド」をベースにしつつ、バックスイングでラケットを下げ、ななめ上にこすり上げて打球。ラケットの先端を回すイメージで、まずは回転をかけること、確実にネットを越えて相手のコートに入れることを重視します。

キヌコ先生直伝！上達のツボ

回転のかかり具合は「打球音（だきゅうおん）」で判断しよう！

ドライブの練習で悩ましいのが、「回転がかかっているか」「こする打ち方ができているか」が自分自身ではなかなかわからないことです。そういう場合は、打球した時の音を聞いてみることが上達のポイントです。

こする打ち方ができている時は、ゴム（ラバー）でボールをとらえるので「キュッ」と小さな音になりますが、こすらず叩（たた）くような打ち方だと「コン！」と木（ラケット）の音になります。なるべくゴムの音で「キュッ」と打てるよう意識してみてください。

⑥ ⑦ ⑧ ⑨ ⑩

注意 バックドライブでは、
バックスイングでひざ
を曲げて、姿勢を低くする
ことでパワーをためます

スイングの基本はペンの裏面バックドライブも同じ！

① ② ③ ④

下半身で
パワーを
ためて

ななめ上に
こすり上げる！

打ち方を覚えたら、じっくり練習をして安定性を上げよう！

ツッツキ&ドライブ練習法

ラリー練習でツッツキの基本を磨く。慣れてきたらフットワークを追加

　ツッツキの最も基本的な練習法はお互いにツッツキを打ち合うラリー練習です（メニュー01）。バッククロスでのバックツッツキを連続してできるようにしましょう。慣れてきたら、ツッツキでのフットワーク練習にも挑戦してください（メニュー02）。

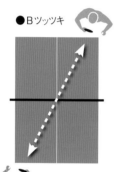

●Bツッツキ

●Bツッツキ

練習メニュー 01

バックツッツキ
のラリー

お互いにバックツッツキをして、ラリーを続ける基本練習。まずはゆっくりで良いので正確性を重視して行う

※F＝フォア、B＝バック

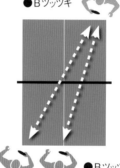

●Bツッツキ

●Bツッツキ

練習メニュー 02

バックツッツキ
2点フットワーク

バック側とミドル（台の中央）に交互に返球してもらい、左右に動きながらバックツッツキで返球

ドライブは効率の良い"多球練習"で鍛えるのがオススメ

　下回転に対するドライブの練習は、「多球練習」（p.74参照）がオススメです。たくさんのボールを次々に送球してもらうこの方法なら、連続して下回転のボールを打てるので、効率良く鍛えられます。

　フォア側に送球してもらってのフォアドライブと、バック側に送球してもらってのバックドライブの両方をやってみましょう。

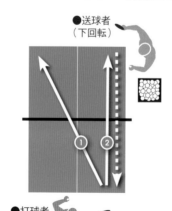

●送球者
（下回転）

①　②

●打球者
（Fドライブ）

練習メニュー 03

【多球練習】
下回転に対する
フォアドライブ

フォア側に下回転のボールを送球してもらい、フォアドライブで打球。最初はフォアクロスに返球（①）。慣れてきたら、フォアストレートにも打つ（②）。同様に、バック側に送球してもらい、バックドライブも行う

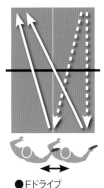

練習メニュー 04

【多球練習】
下回転に対する
フォアドライブ
（2点フットワーク）

フォア側とミドルに交互に送球してもらい、左右に動きながらフォアドライブで返球。同様に、バックドライブでのフットワーク（バック側＆ミドル）も行う

●Fドライブ

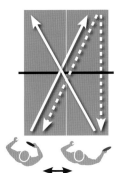

練習メニュー 05

【多球練習】
下回転に対する
フォア＆バック
ドライブ（交互）

フォア側とバック側に交互に送球してもらい、フォアドライブ、バックドライブで返球する

●Bドライブ　　●Fドライブ

【図の見方】
・ラケットの色は、赤：フォアハンド系技術、黒：バックハンド系技術を表す
・多球練習の場合、矢印は点線：送球コース、実線：練習者の打球コースを表す

クリアできるかな？
今回の
タクチャレ！
Takkyu Challenge

目標
ドライブはメニュー03～05それぞれで
連続 **10** 球成功を目指せ！

ツッツキは、ゆっくりでOKなのでラリー練習（メニュー01＆02）で【50往復】を目指してやってみましょう。

ドライブは多球練習のそれぞれのメニューで、まずは10球連続成功を目標にしてください。練習メニューは一例なの

で、慣れてきたら、よりレベルの高い練習を自分なりに考えて挑戦するのも良いでしょう。

まずはたくさん打って
下回転に
慣れましょう！

教える時はココに気をつけて！

キヌコ先生から「指導者＆先輩選手」へのアドバイス！
「下回転は難しい」という苦手意識を植え付けないように!!

初級者にツッツキやドライブなどの下回転に対する打球を教える時は、まずは弱い（回転量が少ない）下回転のボールで練習してあげてください。最初から強い下回転を打たせてしまうと、全然返すことができず「下回転は難しい」と苦手意識を持ってしまい、

技術の習得が難しくなってしまいます。すぐにクリアできるレベルの練習からスタートし、「慣れれば下回転は簡単だ！」と初心者が思えるように、教える人がうまくリードしてあげてください。

卓球で一番大切な技術は
サービスだ！

卓球には様々な技術があるが、その中で最も重要だと言われるのが「サービス」だ。

サービスはラリーの第1球なので、強いサービスをマスターしたら、それだけでも試合でかなり勝ちやすくなるのだ。

ボールを打ち合う卓球の中で、サービスは、唯一「相手のプレーに影響されずに、自分が自由に打てるテクニック」でもある。打

つコースやスピードを変えたり、回転をかけるなど、自分の工夫次第で、いくらでも強力なサービスを生み出すことができる。

また、サービスは自由だからこそ、非常におもしろい！ ルール（p.164〜172で紹介）を守ればどんなスイングでもOKなので、自分だけのオリジナルサービスを開発して、どんどん試合で使ってみよう！

サービス練習でライバルに差をつけろ！

サービスは、ひとりで練習できるというのもメリットのひとつ。黙々とサービスを出し続ける「サービス練習」は、人によってはつまらないと感じるかもしれないが、すごく大切な練習なのだ。強い選手になるとサービス練習だけで毎日1時間以上行う人もいる。

試合で勝ちたいならば、サービス練習は絶対に必要。必殺サービスをマスターして、ライバルに差をつけよう！

地道なサービス練習が、勝利への近道だ!!

半年で
基本技術を
マスター!

試合で使う
実戦サービスを
マスター!

レッスン1では基本的なサービスの出し方を学ん
だが、ここでは試合で使う、より実戦的なサービ
スをレクチャー。速いサービス、回転をかけたサー
ビスを覚えて、試合を有利に進めよう!

LESSON

04

① ② ③ ④

スピードで勝負！初級者にオススメのサービス

STEP 01 ロングサービス

フォアハンドのスイングで 力強く前方に飛ばす

　最初に覚えたい実戦サービスがロングサービスです。レッスン1で紹介した「サービスの基本の出し方」をベースに、より強く打球し、速くボールを飛ばします。初級者同士の試合では有効なサービスですので、ぜひ身につけてください。

　スイングは基本打法のフォアハンドとほぼ同じです。強めにスイングして、勢い良く前方に打ち出します。回転はかけなくてOKなので、なるべく速く飛ばすことを意識しましょう。

近い！

キホンのタッキュー語

「長い（ロング）」「短い（ショート）」

相手のコートの奥側（深く）に入るような打球を「長い」、ネット近くに入る打球を「短い」と言う。サービスの場合は、それぞれを「ロングサービス」「ショートサービス」と表現する。

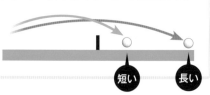

短い　　長い

POINT 01 ボールを台に近づけて構え 姿勢を低くする

　姿勢が低くなると、打球ポイントも自然と下がって、低いサービスが出せます。右のような"棒立ち"はやめましょう

遠い…

×

⑤ ⑥ ⑦

ネットすれすれの
グッドサービス！

キヌコ先生直伝！上達のツボ

3つのコツで低くて速いサービスが出せる！

スピードのあるロングサービスにするためには、勢い良くボールを飛ばすことに加えて、バウンドを低くすることが大切です。低くて速いロングサービスを出すために意識したい3つのポイント（下記囲み）を紹介します！

POINT 03 バウンドの位置は
なるべく手前に！

バウンド位置がネットの近くになるとネットミスになります。「たたきつけない」ように注意しつつ、手前にバウンドさせます

POINT 02 スイングは後ろから前
たたきつけるのはダメ

台に向けて、上から下にたたくように打つとバウンドが高くなります。後ろから前にスイングしましょう

ボールに下回転をかける超必須の実戦サービス

STEP 02 下回転サービス

ボールの下側をとらえて、ななめ下にこすり下ろす!

回転をかけたサービスにも挑戦していきましょう。試合に向けてぜひマスターしたいのが、下回転サービスです。

出し方の基本は、打球する面をななめ上に向けて、下前方向にスイングして、ボールの下側をこすります。ボールのスピードは必要ないので、しっかりと回転をかけることを意識して練習しましょう。

スイングで大切なのが、ラケットの角度（向き）を変えないということです。こする角度を作ったら、そのまままっすぐに振り抜きます。当てる時にラケットが立ってしまう（打球面が前を向く）人がよくいますが、これだと回転がかからないので注意しましょう。

GOOD!!

キュッ

ななめ下に
まっすぐ
振れています!

BAD…

コンッ

角度が変わって
**回転がかかって
いません……**

⑤ ⑥ ⑦ ⑧

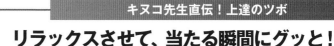

キヌコ先生直伝！上達のツボ

リラックスさせて、当たる瞬間にグッと！

強い回転をかけるためには、速いスイングが必要ですが、腕に力が入りすぎるのはダメ！ ボールが当たる直前まで、腕はリラックスさせておき、当たる瞬間にスイングする力をグッと入れるのが回転をかけるコツです。そうすることで、前腕（ひじから先）と手首が柔軟に使えて、理想的なスイングになります。

直前までは
リラックス……

▶ **動画でチェックしよう！**

まっすぐ振れているか自分ではわからない時にオススメなのが、動画でのチェック。
スマホなどで撮影して、自分のスイングを見てみましょう。

当たる瞬間に
力を入れる！

上回転、下回転に続く、第3の回転！

STEP 03 横回転ってナニ?

時計回りの【右横回転】、逆回りの【左横回転】

レッスン3では、上回転と下回転を学びましたが、もうひとつ大切なのが横回転です。横回転は、ボールがコマのように横方向に回る回転のことを言い、上から見た時に時計回りに回転しているのが右横回転（右図）、その逆が左横回転（p.72）です。

横回転のボールは、曲がりながら飛ぶ性質があり、横回転のボールを打球した時には回転の力で横方向に跳ね返るなどの特徴があります（詳しくはレッスン5で紹介）。

後ろから見た【下回転】 縦に回転

後ろから見た【右横回転】 横に回転

※後ろから見た図は、前方に飛んでいく
自分の打球としての回転方向を表します

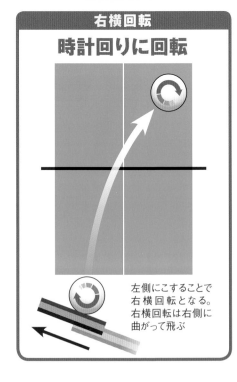

右横回転

時計回りに回転

左側にこすることで
右横回転となる。
右横回転は右側に
曲がって飛ぶ

相手のミスを誘える、もうひとつの回転サービス

STEP 04 横回転サービス

横方向にスイングして、横回転をかける

横回転サービスも覚えましょう。様々な回転のサービスを覚えることで、さらに相手のミスを誘うことができるようになります。

下回転サービスではボールの下側をこすりましたが、横回転サービスは、ボールの横をとらえます。回転をかけるポイントの「角度を変えない」「腕をリラックス」などは下回転と同じです。

こする場所と方向で回転が変わる！

ボールの下側を下方向にこすると下回転（左図黒）、左側後方を左方向にこすると右横回転（左図青）となる

左横回転にも挑戦！
かけやすい方法で出そう

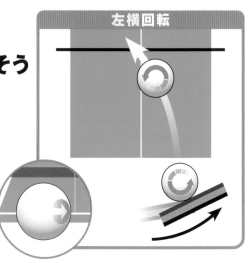

左横回転

　背の小さいジュニア選手の場合は、右横回転サービス（p.70〜71）ではなく、ラケットを右前方向にスイングして、ボールの右後ろをこする左横回転サービス（右図）のほうが出しやすいので、両方試してみると良いでしょう。

伊藤美誠選手の 左横回転サービス

　左写真は伊藤美誠選手の左横回転系のサービス。②でボールの右後ろをとらえているのがわかります。ちなみにこのようなサービスは「巻き込みサービス」とも言います。

クリアできるかな？
今回の
タクチャレ！
Takkyu Challenge

目標
覚えたサービスで
毎日**6**つの的に**5**球ずつ当てる！

　サービスの練習をする時は、相手のコートの上に的を置いて、それを狙うようにすると効率がアップします。またサービスはどのコースにも打てることが大切なので、様々なコースにサービスを出す練習も大切。偉関TTLのサービス練習では、右写真のように6つの的を用意して、そこを狙って出しています。

　そこで今回のチャレンジ企画は、「6つの的に5球ずつ当てよう！」です。これを毎日行えば、サービスはかなり上達するでしょう。頑張ってください！

回転が上手にかけられない時は
床の上に出して回転をチェック！

ミスを恐れず、勢い良くスイングして強い回転をかけよう

「下回転、横回転がうまくかけられない……」と悩む人は、一度卓球台から離れて、床の上で練習するのがオススメ。飛ばす方向などは気にせず、ただ回転をかけることだけに集中するのです。なぜ床の上でやるかというと、卓球台で練習をすると、サービスミスが気になり、最初のうちは回転がかけられないからです。

そして、打ったボールを自分で観察して、回転がかかっているかをチェック。これを繰り返せば、次第に回転をかけるコツがつかめていくはずです。

大切なのは、恐る恐るではなく、勢い良くスイングすること。すばやくスイングすることで、強い回転をかけることができるのです。

ギュル
ギュル

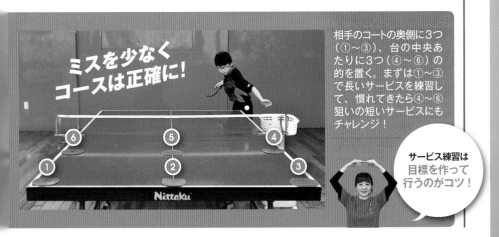

ミスを少なく
コースは正確に！

相手のコートの奥側に3つ（①～③）、台の中央あたりに3つ（④～⑥）の的を置く。まずは①～③で長いサービスを練習して、慣れてきたら④～⑥狙いの短いサービスにもチャレンジ！

サービス練習は
目標を作って
行うのがコツ！

キホンのタッキュー語講座 Vol.03

Multi-ball Practice
多球練習

送球者

連続でボールを送る

練習者

連続で打球！

大量のボール

たくさんのボールを使う、効率的な練習法

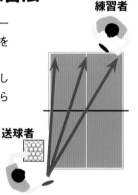

練習者

送球者

　卓球の有効な練習法のひとつが「多球練習」だ。たくさんのボールを用意して、「送球者」が「練習者」のコートに連続でボールを送って、それを練習者が打ち返す効率の良い練習法だ。

　1球だけの練習だと、どちらか一方がミスをすると中断してしまうが、多球練習だと練習者がミスをしても続けてボールが送られてくるので、短時間でたくさん打球できる。

　1コースのシンプルな練習で、基本打法を身につけることもできるし、コースや球種を工夫することで、ハイレベルな練習もできる。『多球練習』はレベルを問わずに、非常に効率的な練習法なのだ。

＋αのタッキュー語集

【1球練習】
ひとつのボールを使って互いに打ち合う練習を、多球練習に対して、「1球練習」あるいは「ラリー練習」などと言う

【ツッツキ打ち】
自分がツッツキをするのではなく、相手のツッツキに対して、ドライブなどで攻撃すること。同様に、相手のカットに対して攻撃することを「カット打ち」という

【カーブドライブ】
上回転をかけるドライブ打法の一種。巻き込むような打ち方で、ななめ上回転をかける打法。右利きのフォアハンドなら、カーブドライブは左に曲がる弾道になる

レシーブ＆台上技術を覚えよう！

レッスン5のテーマは、多くの人が「難しい！」と苦労するレシーブだ。レシーブでよく使う台上（だいじょう）テクニックの習得も含めて、ポイントを学んでいこう！

TSP

LESSON 05

相手のサービスの回転を見極めて打ち返せ！

レシーブは難しい！？

相手のサービスを返球することを「レシーブ」と言いますが、卓球ではサービスと同じく非常に重要なテクニックです。

相手は様々な種類、回転のサービスを出してくるので、それに合わせて返球しなければなりません。たとえば、上回転のサービスだったらフォアハンドやバックハンド、下回転のサービスが来たら、レッスン3で学んだツッツキやドライブを使って返します。

最初のうちは「どんなサービスか」と判断することも難しいですし、回転がわかっていても返せないことがよくありますが、繰り返し練習していけば徐々に慣れてくるはずなので、根気よく練習しましょう！

どうすればレシーブが上達する？
回転の仕組みを勉強＆サービス練習の相手をしよう！

まずは、下回転は落ちる、横回転は横に飛ぶ（詳しくは右ページ）などの回転の仕組みを知識として覚えることが大切です。サービスはいろいろな出し方があり、慣れないサービスに対してビックリすることもありますが、回転の方向さえわかれば、返すことは難しくありません。練習方法としては、サービス練習の相手をするのがオススメ。実際にサービスを打ち返しながら、回転に対する理解を深めていきましょう。

初級者が苦手な「横回転」は、どんな性質がある?

STEP 01 横回転を打ち返そう!

ラケットに当たると横に飛ぶので、その逆側を狙えばOK

初級者が苦手とするのが横回転サービスに対するレシーブです。なかなか思いどおりに返球できず、苦労する人が多くいます。

横回転のボールはラケットに当たると、回転の影響で横方向に飛ぶ性質があります。ラケットをまっすぐ正面に向けて打ち返したとしても、右横回転ならばボールは右前方に飛び（下図）、左横回転ならば左前方に飛んで、ミスとなってしまいます。相手の

コートに確実に返球するには、飛んでいく方向の逆を狙うのが基本。回転によって打ち方は変わりますが、技術としては基本のフォアハンド、バックハンドでのレシーブで問題ありません。

> まずは
> ミスしないこと
> を優先して
> レシーブをしましょう

右横回転の場合

右横回転サービス
レシーバーから見て、ラケットは左から右に動く

右横回転の
ボールは…

右に飛ぶ!

まっすぐレシーブすると……

つまり
左側を狙えば
コートに入る!

左側に向かってレシーブすると……

※左横回転は逆に考えて、右側を狙いましょう!

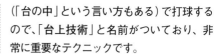

STEP 02 RVで必須の「台上技術」

レ シ ー ブ

レシーブで重要になる台上技術。回転に応じて使い分ける

　試合の中では、コートの外まで飛んでくる「長い」ボールだけではなくて、ネット近くに落ちるような「短い」ボールも来ます。特にレベルが高くなってくると、短いショートサービスを使う相手が増えてくるので、それらに対応できるようにしていくべきです。短いボールに対する打球は、卓球台の上（「台の中」という言い方もある）で打球するので、「台上技術」と名前がついており、非常に重要なテクニックです。

　短いボールにも、上回転で飛んでくるケースと、下回転で飛んでくるケースがあるので、それぞれ分けて、基本的な打ち方を覚えていきましょう。

初級者のあこがれ! 人気のちょいムズ技術

台上技術の革命テクニックが「チキータ」だ

　台上のボール（特に下回転に対して）は強打が難しいとされていたのですが、それを可能にした新技術が「チキータ」です。簡単に言うと台上で行うバックドライブ。少し横回転を加えつつ打球するのがポイントです。中級以上のテクニックですが、p.134〜135で紹介しています。

➡フォアツッツキ

台上の下回転ボールを返球する最も基本的な技術

STEP 03 フォアツッツキ

ラケット面をななめ上に向け、ななめ下にスイングし、下回転をかける

　下回転に対する基本打法の「ツッツキ」は、台上技術の代表格とも言える技術。レッスン3のバックツッツキに続き、フォアツッツキを覚えましょう。ラケットをななめ上に向けて、ななめ下にスイングするのはバックツッツキと同じ。バックスイングでラケットを大きく引きすぎず、コンパクトに振ります。

　また、短いボールを打つ時は右足を出して、しっかりとボールに近づくことが非常に重要です。

キヌコ先生直伝！上達のツボ

長いボールに対してはなるべく使わず、ドライブで攻める！

　フォアツッツキを練習するうえで意識したいのが、「短いボールにだけ使う」ということです。実戦では、フォア側に長い下回転が来たら、フォアドライブで攻めるのが理想。ツッツキで返してしまうと、相手に攻撃のチャンスを与えてしまうからです。

　長い時はドライブ、短い時はツッツキ、もしくはストップ（次ページで紹介）というように、テクニックを使い分けるようにしましょう。

長い下回転
➡ドライブで攻撃

短い下回転
**➡ツッツキか
ストップ**

フォアストップ ① ② ③ ④

バックストップ ① ② ③ ④

相手の攻撃を防ぐレシーブの基本テクニック

STEP 04 # ストップ

「短いツッツキ」のイメージで弱く打球

　「ストップ」は、短いボールを短く返球するテクニックです。基本的には短い下回転に対して使うことが多く、打ち方は「小さいツッツキ」と考えるとわかりやすいでしょう。ツッツキよりも力を入れずに、ボールにラケットを軽く当てるだけにして、ネットの近くに落とします。相手のコートで2バウンドするように打球します。ストップで短く返球すると相手としては攻めにくくなるため、相手の3球目攻撃を防ぐレシーブとしてよく使われる台上技術です。

GOOD!! 　　　　　**BAD…**

返球が長くなると、相手から強打される可能性が高まります

ネットの近くに
短く返球！

弱く打球して
短く飛ばす！

キヌコ先生直伝！上達のツボ

「頂点前」で打つことで、低く短いストップに

ストップのポイントは、早めの打球点でボールをとらえること。頂点（バウンドの一番高い部分）よりも前、バウンド直後に打つのが理想です。打球点が遅くなると、ボールが長く高くなってしまい、相手に攻められやすいボールになります。また、打つ時にラケットの角度を変えないように注意。角度が変わると、その動きで余計な力が加わってしまい、短く止まりません。

バウンド直後
頂点より前でとらえる

スイングの中で
ラケットの角度は
変えない！

相手のコートで
2バウンド
できたら合格です！

短い上回転ボールを攻撃的に打ち返す

フリック

右足を出し、ネットの近くでコンパクトにスイング

　短い上回転や横回転のボールが来た時に使うテクニックが「フリック」です。「払い」と呼ぶこともあります。右足を出し、体を前に寄せた状態で、基本打法のフォアハンド、バックハンドをよりコンパクトなスイングで打球します。フリックは台上の攻撃技術でもありますが、最初から強く打ちすぎるとミスが出てしまうので、まずは安定性重視で練習してください。

　上達すると、下回転のボールに対してもフリックはできるようになりますが、最初のうちは少し難しいので、下回転にはツッツキ＆ストップ、上回転＆横回転にはフリックというように、回転によって使い分けましょう。

フォアフリック  ①

バックフリック  ①

ラケットは大きく
引きすぎない！

キヌコ先生直伝！上達のツボ

バックスイングはコンパクトに。しっかり右足を出して、体を近づける

　フリックはコンパクトなスイングで打つことが大切です。特にフォアフリックは、バックスイングが大きくなりがちなので注意してください。

　また右足を前に出して打ちますが、踏み込みと同時にスイングするのではなく、先に右足を出して、打球体勢を整えてからスイングするとことを心がけましょう。

右足を前に
踏み出す！

✗ BAD…

足が出ず、腕が伸び切った
スイングは安定しません

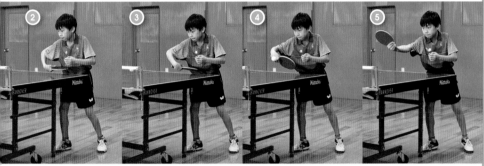

注意 右足の踏み出しは、打球と同時にならないように。先に足を出し、安定した姿勢を作ってからスイングします

クリアできるかな？
今回の
タクチャレ!
Takkyu Challenge

目標

ひとつのサービスに対して、複数のレシーブを習得せよ!

　レシーブ練習は、まずは安定して返すことが目標で、慣れてきたら違う返し方も覚えていきましょう。たとえば、短い下回転サービスにはツッツキとストップの2つがありますし、バック側に長い下回転サービスが来た時は、バックツッツキ、バックドライブ、バック側に動いて（「回り込み」と言う）のフォアドライブという3つのレシーブが考えられます。

　複数のレシーブがあると、試合ではかなり有利になるので、ぜひレシーブ練習で様々なテクニックに挑戦してみてください!

連係プレーを
鍛えよう！

LESSON
06

基本技術を学ぶ前編のラストは、今まで学んできたテクニックを組み合わせて打球する「連係」がテーマ。ここまで来れば、試合でひと通りの技術ができるはず！

2つの技術を組み合わせて、より実戦的に！

連係プレーを鍛えよう！

「練習では安定して入るけど、実戦的なラリーになるとうまくできない」と悩む初級者はたくさんいます。初歩の練習では、ひとつの技術を連続して打球するメニューが中心で、これは慣れれば簡単ですが、実戦になると状況に応じていくつかの技術を使い分けなければなりません。

いくら練習でフォアハンド、バックハンドそれぞれのラリーが続くようになっても、2つを組み合わせて、フォアとバックのどちらに返球されるかがわからないような練習になると、うまく入らなくなるものです。

そこで基本編の最後は、複数の技術を組み合わせた連係プレーを鍛える練習メニューを紹介していきます。この練習を取り入れれば、実戦的な技術力が身につき、試合でもイメージどおりのプレーができるようになります！

ツッツキからの〜
ドライブ

たとえば、「ツッツキをしてからのドライブ」（p.88〜89）も、試合でよく使う連係プレーだ

試合で使わない連係は練習する必要ナシ！

連係プレーはいくつかのパターンがありますが、必ず試合で使う展開で練習しなければなりません。たとえば、「ツッツキしてからのドライブ」は試合でもよく見られますが、逆に「ドライブからのツッツキ」は、ほぼ使わないので（対カットマンは別）、練習する必要はありません。

試合ではどんなプレーがあり、自分はどんな時にミスするのかを考えて、必要なプレーを練習しましょう！

ランダム性を取り入れて、より試合に近い形で両ハンドを強化

STEP 01 実践的な切り替え練習

どこに来るかわからない
状況でのラリー力を向上

　レッスン2で練習したフォアハンドとバックハンドの連係「切り替え」を、さらにレベルアップさせましょう。

　前回はコースを決めて打ち合う練習でしたが、ランダム（不規則）性を加えた、より実戦的な練習にステップアップします。最初はゆっくりラリーをして、正しいフォームで正確に返球することを心がけて打ちましょう。

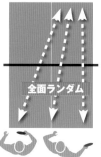

B
バックハンド

全面ランダム

A ←→

両ハンドの切り替え

練習メニュー01
バック対オール

　Aはコートの全面に不規則に返球してもらいフォアハンドとバックハンド（両ハンド）で打球、**B**はバック面でバックハンド。実戦的な両ハンドの切り替えを鍛えるための練習です。

キホンのタッキュー語
「オール」
コースや打法を決めずに自由にプレーすること。「フリー」と言う場合もある。

バック対オール（手前が両ハンドの練習者）

① ② 相手を見てから フォアの動作に ③

⑦ ⑧ バックハンド ⑨

⑬ バックハンド ⑭ ⑮

練習メニュー02
N字の切り替え（ランダム）

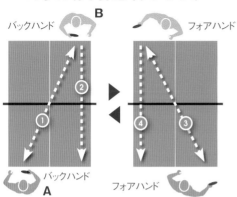

B
バックハンド　　フォアハンド
② ① ④ ③
バックハンド　フォアハンド
A

練習者（**A**）とコースを変える役（**B**）に分かれ、バック対バックでラリーをし（①）、好きなタイミングで**B**がストレートに返球（②）、そこからはフォアクロスでフォアハンドのラリー（③）。さらに何回か続いたら**B**がストレートに返球し（④）、再びバック対バックに。

キヌコ先生直伝！上達のツボ

勘（かん）で動くのはダメ！
相手を見てから動き出そう

　ランダムの切り替えをする時は、ヤマを張って、勘でフォアかバックかを判断しないよう注意しましょう。相手のラケットに注目して、打球と同時にコースを見極（みきわ）めてから動くことが大切です。

　またフットワークも必要になるので、足が止まらず、いつでも動ける状態にしておくこと。ラケットが下がると切り替えが遅くなるので、ラケットはなるべく高い位置に保っておくことも意識してください。

④　⑤　フォアハンド！　⑥

⑩　⑪　⑫

⑯　フォアハンド！　⑰　⑱　しっかりボールに近づいて打球！

87

ツッツキをしてからドライブで攻める、鉄板パターン

STEP 02 ツッツキからのドライブ

試合で多い下回転からの展開。まずは多球練習で鍛えよう

　試合では下回転サービスが多いので、ツッツキから始まるラリーや、ツッツキをしてからドライブで攻める練習が大切です。

　初級者は、まずは多球練習がオススメです。下回転のボールを出してもらい、バックツッツキとフォアドライブを交互に打球し、安定性を高めていきます。慣れてきたら、1球練習で相手に下回転サービスを出してもらい、ツッツキレシーブからのフォアドライブを練習しましょう。

A

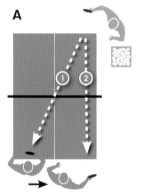

バックツッツキ　　フォアドライブ

B

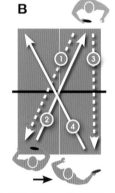

バックツッツキ　　フォアドライブ

練習メニュー03

バックツッツキからのフォアドライブ

　Aは多球練習。バックサイドとフォアサイドに交互に送られる下回転ボールをそれぞれバックツッツキ、フォアドライブで打球練習。**B**はラリー練習で、①相手が下回転サービス、②バックツッツキでレシーブ、③相手がツッツキでフォア側に返球、④フォアドライブの順で打ち返します。

↠ バックツッツキからのフォアドライブ

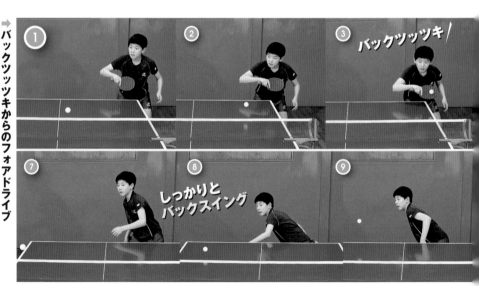

① ② ③ バックツッツキ

⑦ ⑧ しっかりとバックスイング ⑨

ツッツキからの展開は、他に「ツッツキからのバックドライブ」「ツッツキからの回り込みフォアドライブ」もあります。

すべて身に付けたい重要なパターンですので、それぞれ練習して、実戦で使えるようにしましょう。

バックツツキからの……

バックドライブ！

回り込みフォアドライブ！

キヌコ先生直伝！上達のツボ

ツッツキの後のドライブは、スタンス&台との距離に注意!

左足前の良い例

右足の位置に注意!

フォア側のツッツキは右足を前に出して打球しますが、その後はすぐに基本姿勢に戻り、フォアドライブは左足前の体勢で打つことが重要です。右足前の「逆足」でのフォアドライブにはならないよう注意しましょう。またバックドライブの時は台に近づきすぎてしまうことが多いので、ツッツキをしたら少し後ろにステップし、台との距離を空けることがポイントです。

打球を安定させるためには、正しいスタンス（両足の位置取り）で打つことが大切です。足の動き（フットワーク）は横着せずに、しっかりと動いてから打球してください。

④ ⑤ ⑥

⑩ ⑪ ⑫

フォアドライブ！

STEP 03 対下回転と対上回転の ドライブの使いわけ

上回転に対する打球はオーバーミスになりやすい

初級者の場合、下回転に対してドライブを打った後、次の上回転のボールを返球する時に、最初は高い確率でオーバーミスになります。相手の下回転に対して打つ時はネットミスしないよう下から上にボールをこすり上げて、それが次のスイングにも影響してしまい、上回転だとわかっていてもボールを上に持ち上げてしまいがちです。

下回転に対する打球と上回転に対する打球の切り替えが、正確にできていないと試合では勝てません。上回転と下回転を混ぜた練習をたくさん行って、実戦での対応力を高めていきましょう！

キヌコ先生直伝！上達のツボ

ドライブの後の打球は、ラケットの位置を高めにしよう！

ドライブの後の打球では、バックスイングでラケットを高くする（下げない）意識が大切。対下回転のドライブではバックスイングでラケットを下げますが、次の上回転に対する打球でもラケットを下げてしまうのがオーバーミスの原因。ラケットの位置を意識することで、スイングの打ち分けが正しくできるようになります。

回り込みフォアドライブからのフォアドライブ

練習メニュー 04

回り込みFDからのFH

送球者

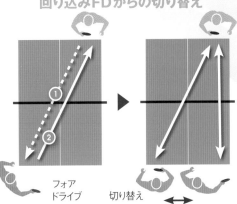

練習者

フォア
ドライブ → フォアハンド

２球セットの多球練習。練習者のバック側に下回転（①）、フォア側に上回転（②）を出してもらい、回り込みフォアドライブ、フォアハンドで打球する。

練習メニュー 05

回り込みFDからの切り替え

フォア
ドライブ　切り替え ←→

バック側に下回転のボールを送ってもらい（①）、回り込みフォアドライブで打球（②）してから、切り替え練習（フォアとバックを１本ずつ）をします。ドライブからの連係と両ハンドの切り替えを同時に鍛えるメニューです。

卓球の基本はバッチリ！ 次回からは試合に向けた応用技術を学ぼう！

基本編はこのレッスン6で終了。最低限身につけるべき技術は紹介したので、これで試合ができるようになっているはずです。ただし、試合で勝つためにはまだまだ

覚えるべきことはたくさんあります。

レッスン7からは「試合で勝つためのテクニック」というテーマで、応用テクニックを学んでいきましょう。

※ FH＝フォアハンド、FD＝フォアドライブ

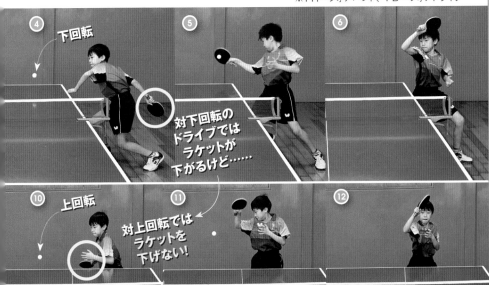

④ 下回転

対下回転の
ドライブでは
ラケットが
下がるけど……

⑤

⑥

⑩ 上回転

対上回転では
ラケットを
下げない！

⑪

⑫

卓球 おもしろエピソード

その3

ラバーの誕生で卓球は回転のスポーツに

釣り銭皿のゴムシートから、ラバーが生まれた!?

　セルロイド製ボールの採用（1900年）により、卓球がイングランドでブームとなった20世紀初頭。1902年、ロンドンのフレデリック・グッドという青年が、頭痛で薬局に行き、そこで見た釣り銭皿のイボイボがついたゴムシートをラケットに貼ることを思いついた。そしてグッドはそのラケットで、2週間後の大会で優勝した……というエピソードが残っている。

　実際のところ、このエピソードについて、史実かどうかは確認されていない。ちょうど同時期にラバー貼りラケットが発売されていることもあり、グッドのアイデアがラバー誕生のきっかけになったかどうかは不明だ。しかし、その年の新聞で「グッドはラバー貼りラケットの先駆者のひとり」とあり、彼が“ラバー”という画期的アイテムを広めるきっかけとなったのは確かだろう。

　この“ラバー”の誕生により、卓球は回転のスポーツとして進化していくことになったのである。

初期の一枚ラバー貼りラケット

様々な 大会の方式

様々な規模やレベルのある卓球の「大会」。どんな方式で行われるのか、見ていこう。

オリンピックから我が町のローカル大会まで様々

様々なレベルや規模がある卓球の大会。国際大会の頂点が、毎年開催の「世界卓球選手権」(世界卓球)と4年に1度開催の「オリンピック卓球競技」(五輪)だ。各国(協会)の代表選手のみが参加し、名誉をかけて全力で戦う大会。まさしく世界トップのハイレベルな試合が繰り広げられ、世間での注目度も非常に高い。他にも「アジア選手権」「ヨーロッパ選手権」などの大陸大会や、国際卓球連盟主催で年間に10数大会が開かれる「ワールドツアー」などの国際大会がある。

国内の大会の頂点となるのが毎年開催される「全日本卓球選手権大会」(全日本卓球)。世界卓球などに負けないほどの熱いプレーが繰り広げられる大会だ。他に「全日本社会人」「全日本団体」など、各カテゴリー別の「全日本」も行われている。中高生の全国大会としては「全国中学校大会(全中)」、「全国高校選手権大会(インターハイ)」などがある。これら全国大会では、地域予選が行われている。

また2018年に開幕した新リーグ「Tリーグ」には、国内外のトップ選手が参戦。世界でもトップクラスと言われるほどのハイレベルなリーグとなっている。

そして全国大会とは別に、市区町村のローカル大会は数多く開催されている。このような大会や、全国大会の地区予選には、初・中級クラスでも参加しやすい大会も多い。競技人口が多い卓球だけに、非常に数多くの大会が開かれているのだ。

2018年に開幕した「Tリーグ」は団体戦。演出や独自のスコアシステムなどにより、「観戦して楽しめる大会」となっている

トーナメント戦とリーグ戦

試合方式には、「トーナメント戦」と「リーグ戦」という2つがある。

参加者数が多い場合はトーナメント戦、少ない場合はリーグ戦で行われる場合が多い。大会によっては、「3者によるリーグ戦を行い、その1位が決勝トーナメント戦に進出する」というように、2つの方式を組み合わせて行われる大会もある。

勝ち上がりのトーナメント戦

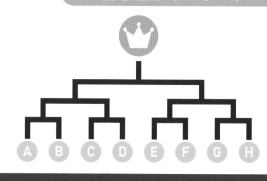

トーナメント戦は、勝ち上がりで優勝者を決める方式。勝てば1回戦ずつ上の回に進み、負けたらその時点で試合終了。「ノックアウト方式」とも言う。

少ない試合数で優勝者が決まる方式だが、参加選手の半数が1回の試合で除かれていくため、全員の順位はつけられない。番狂わせも起こりやすい。

メリット 試合数が少ない
デメリット 全員の順位はつけられない

総当たりのリーグ戦

	A	B	C	D	E	F	勝/負	順位
A		×	×	×	×	×	0/5	6
B	○		○	×	○	○	4/1	2
C	○	×		×	○	×	1/4	5
D	○	○	○		○	○	5/0	1
E	○	×	×	×		×	2/3	4
F	○	×	○	×	○		3/2	3

個人戦では3人（組）、団体戦では3チーム以上の総当たりの結果で順位を決める方式。同じ勝敗数となった場合、その当事者間の結果を抜き出して、順位を決める。

トーナメント戦より公平な順位がつけられるが、グループ内の人数が増えると、試合数が急増するという特徴がある。

メリット 公平な順位がつけられる
デメリット 人数が増えると試合数が急増

様々な方式がある　シングルスとダブルス

団体戦と個人戦

　大会は、団体戦と個人戦に分けられる。
　団体戦には様々な試合形式があり（下囲み）、1チーム3〜6名ほどが出場する場合が多い。たとえば世界卓球団体戦では、5名の選手がベンチに入り、そのうち3名が試合を行う。また、全国中学校卓球大会

（全中）の団体戦では、6選手による4シングルス1ダブルスの方式で行われる。
　一方、「個人戦」にはシングルス（単）とダブルス（複）があり、単複両方が行われる場合、単のみの場合などがある。ダブルスは男子、女子、混合に分けられる。

世界卓球 個人戦

世界卓球 個人戦は奇数年に開催。男女シングルス、男女ダブルス、混合ダブルスの5種目が行われる

全国中学校卓球大会（全中）団体戦

団体戦の代表的な試合方式

4単1複（全中形式）

1番	2番	3番	4番	5番
A	B	CD	E	F

4シングルス（単）1ダブルス（複）の3点先取制。1チーム6人で戦う。シングルス・ダブルスともに重複して出場することはできない

4単1複（五輪形式）

	1番	2番	3番	4番	5番
ABCチーム	BC	A	C	A	B
XYZチーム	YZ	X	Z	Y	X

3選手による4単1複、3点先取制。2人が単複1試合に、1人が単2試合に出場

世界卓球方式

	1番	2番	3番	4番	5番
ABCチーム	A	B	C	A	B
XYZチーム	X	Y	Z	Y	X

3選手による5単、3点先取制。試合前のオーダー交換時に、ABC方式、XYZ方式のどちらかを選ぶ

知っておこう！
大会でのマナー&観戦マナー

卓球大会では、選手として、そして観客としてのマナーがある。

試合では、試合開始前と終了後に、選手同士、そして審判員と握手するのがマナー。試合が始まってからは、ルールを守るのは当然として、対戦相手や観客を不快にさせるような行為は慎もう。たとえば、ミスした時に台を蹴ったり、ラケットを乱暴に台にたたきつけたり、相手を威嚇するようなポーズや言動を取るなど。そのような行為は「バッドマナー」としてイエローカードが出される。

卓球は紳士のスポーツと言われる。相手コートのエッジをかすめて入った時のようなラッキーなポイントをした際は、「すみません」の意を込めて片手を軽く挙げるジェスチャーをする選手が多い。逆に、相手のボールがエッジをかすめて入った時などに、自分から審判員に「入った」とアピールして失点を認める選手もいる。紳士な卓球選手を目指そう。

観戦時のマナーとしては、サービスの構えから得点が決まるまでの間は静かにしよう。そして得点が決まったら声援と拍手を送ろう。選手がチャンスボールを打ちミスした時に、「あ〜」などの声をあげる観客もいるが、これは選手に精神的ダメージを与えてしまう。選手を盛り上げるような声援を心がけよう。

対戦相手や観客を不快にさせるような「バッドマナー」は慎もう！

すみません
Sorry

ラッキーな得点をした時は軽く手を挙げるのが一般的

半年で "試合で勝つ" 技術をマスター！

卓球 技術編 後編

前編でマスターした基本技術を使い、後編（レッスン7〜12）では応用技術を紹介。半年で試合で勝てるようになろう！

3rd Attack!!

ビシッ

3球目攻撃で得点力UP!

後編では、前編でマスターした技術を活用して、試合での勝利を目指していく。その最初に紹介するのは「3球目攻撃」。卓球で一番の得点源をレベルアップすることが、勝利への近道になるぞ！

LESSON
07

※解説は右利きの選手を想定しています
（左利きの選手は左右を逆にして考えてください）

サービスで相手を崩して、次の打球で決める！

3球目攻撃を鍛えよう！

　試合で勝つためには、ただラリーを続けるだけでなく、攻撃的なプレーで自分から点を取りにいくことが大切。その中で最も重要だと言われているのが「3球目攻撃」です。

　3球目攻撃とは、自分がサービスを出して、相手のレシーブに対して攻撃を仕掛けるプレーのこと。サービスで様々な工夫をして、相手のレシーブをあまくし、3球目で

攻撃するチャンスを作ることができれば、3球目攻撃は大きな得点源となります。

　サービスや攻撃技術のドライブなどを覚えたら、3球目攻撃の練習をやってみましょう。そして試合になったら、積極的に3球目で攻撃的なプレーをして、得点を狙っていくことが大切です！

③→ 3球目攻撃！

①← サービス（1球目）

②← レシーブ（2球目）

復習！

レッスン7で登場する主なテクニック

| フォアドライブ（レッスン3） | バックドライブ（レッスン3） | 下回転サービス（レッスン4） | ツッツキ（レッスン3） |

STEP 01 必須の**3球目**5パターン

クロスへのレシーブを基本とし、よく使う展開に絞って強化

3球目攻撃はサービスやレシーブ、戦型によって様々なパターンがありますが、まずはどの選手も身につけたい5つの基本パターンを練習しましょう。

実戦では、レシーブはクロス（コートに対して対角線上のコース）に返球されることが多いので、すべてクロスに来ることを想定したパターンとなっています。まずはよく使う5つの展開で精度を上げることが大切です。

練習では、3球目攻撃の後もラリーは続けます。レシーブ側はブロック練習の意識でしっかりと相手の攻撃を返しましょう。

※FD＝フォアドライブ、BD＝バックドライブ、SV＝サービス

基本パターン 01

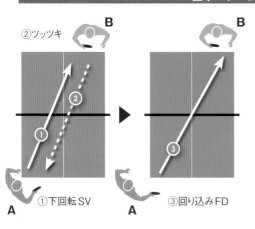

②ツッツキ

①下回転SV　③回り込みFD

バックへ下回転SV → 3球目回り込みFD

練習者**A**が相手**B**のバック側に下回転サービスを出して、**B**がバックツッツキで**A**のバック側にレシーブ。それを**A**が回り込みフォアドライブで3球目攻撃。

回り込んでフォアドライブ！

A：サービス＆3球目

B：レシーブ　※写真は奥側がサーバー

基本パターン 02

バックへ下回転SV → 3球目BD

Aがバック側に下回転サービスを出して、**B**がバックツッツキで**A**のバック側にレシーブ。それを**A**がバックドライブで3球目攻撃。

バックドライブも習得必須！

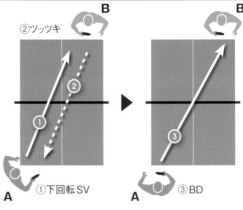

②ツッツキ

①下回転SV　③BD

フォア前へ下回転SV→
3球目FD

AがBのフォア前（フォア側のネット近く）に下回転サービスを出して、BがフォアツッツキでAのフォア側にレシーブ。それをAがフォアドライブで3球目攻撃。

フォア前に
ショートサービス！

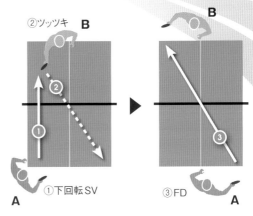

②ツッツキ B

A ①下回転SV

③FD A

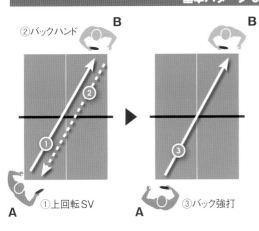

②バックハンド B

B

A ①上回転SV

A ③バック強打

バックへロングSV→
3球目バック強打

AがBのバック側に上回転のロングサービスを出して、BがバックハンドでAのバック側にレシーブ。それをAがバック強打（バックドライブ）で3球目攻撃。

バックサイドに
ロングサービス！

フォア前へ上回転SV→
3球目フォア強打

Aがフォア前に上回転、もしくはナックル（無回転）サービスを出して、BがフォアフリックでAのフォア側にレシーブ。それをAがフォア強打（フォアドライブ）で3球目攻撃。

フリックレシーブを
フォア強打！

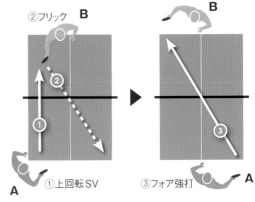

②フリック B

B

A ①上回転SV

③フォア強打 A

より実戦的な形式で3球目攻撃をレベルアップ

STEP 02 2コースの応用練習

両サイドにサービスを出して、相手の様々なレシーブに対応

　5つの基本パターンがある程度できるようになったら、より実戦的なバージョンに挑戦します。サービスをフォアとバック2つのコースに出して、全面にレシーブをしてもらい、両ハンドで3球目攻撃を仕掛ける練習です。

　コースは両サイドに長めに出すパターンと、試合で重要になるフォア前とバック奥の2点に出すパターンがあります。それぞれで下回転サービスからの展開、上回転サービスからの展開を行いましょう。

両サイドに長めのサービス

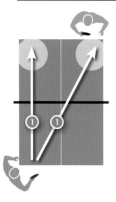

下回転 SV から

　フォア側にSVを出す時は相手はドライブでレシーブし、それに対して3球目攻撃をします。

上回転 SV から

　サービスがあまくなると強くレシーブされるので、強気で速いサービスを出すように心がけましょう。

フォア前&バック奥の2点にサービス

　2つのコース、長さの違いを明確にしましょう。同じフォームから2点にサービスを打ち分けるのが理想です。

試合でも重要なコース取りです！

初級者のうちに「得意・不得意」を決めちゃダメ！

　強くなるためには、自分の得意な技術、自信のある得点パターンを持つことが大切ですが、だからと言って「苦手なことはできなくてもOK」ということではありません。

　特に初級者の場合は、得意・不得意を決めつけるには早いので、重要な技術やパターンは全部練習しましょう。本人の好き嫌いで覚える技術の幅を狭めてしまうと、

弱点のある選手になってしまい、結果的に試合で勝てなくなってしまいます。

　今回紹介した3球目のパターンは基本中の基本です。「バックが打てない」「普段ナックルサービスは使わない」など、選手によっては苦手なパターンがあるとは思いますが、一つひとつ練習をして、どの展開でも戦えるようにしてください！

3球目攻撃の練習をするうえで気をつけるポイントを紹介しましょう。

サービスは試合の意識で正確に出そう！

GOOD!!
低いサービス

サービスは高さやコースを正確に出しましょう。当然ながら、試合で最初のサービスがあまくなってしまったら、良い3球目攻撃はできません。練習でも試合と同じ高い意識を持って出すことが大切です。

×

サービスの体勢で
打球の行方を
確認中……

サービス後にすぐ戻る！次への予測も大切だ

サービスを出したあとは、すばやく基本姿勢に戻りましょう。練習ではレシーブのコースが決まっていますが、試合で違うコースに来ても返球できるように、相手の打球を見て、判断してから動く意識が大切です。

威力は中くらいで、まずは安定性を重視しよう

最初から全力で攻撃するとさすがにミスが出てしまうので、最初は中程度の力でスイングして、確実に相手のコートに入れることを重視しましょう。逆に弱すぎても、相手の回転に負けてしまってミスになるので、力加減に気をつけてください。

レシーブ役も「自分の練習」の意識で練習効果倍増！

3球目攻撃の練習は、相手にとってはレシーブ＆4球目ブロック練習となります。レシーブのコースや高さなどに気をつけて打ち返し、3球目の強打に対しても確実にブロックで返球しましょう。レシーブ役も「練習相手」ではなくて、あくまで「自分の練習」だと思うことで両方の選手が一緒に上達できる効果の高い練習メニューとなります。

B：レシーブ

A：サービス＆3球目

「レシーブ＆
4球目ブロック」
の練習だ！

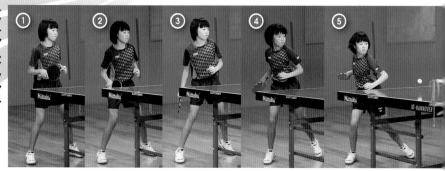

① ② ③ ④ ⑤

一撃必殺の攻撃テクニック

STEP 03 スマッシュ

しっかり
バック
スイング！

フォアハンドのスイングで、より強く打球

　チャンスボールに対する強打の「スマッシュ」は、卓球では欠かせない攻撃テクニックです。ボールをこすって回転をかけるドライブとは違い、叩(たた)くように打球してボールを弾(はじ)き飛ばすので、よりスピードのある打球となります。

　打ち方としては、基本打法のフォアハンドをベースにして、より大きく、より強くスイングしましょう。しっかりと腰の回転を使って打球することで、威力のあるボールを打つことができます。

チャンスボールとはいえ、実は難しい!!

高いボールに対するスマッシュに要注意！

　ロビング（p.132で紹介）という高くボールを上げて返球するテクニックに対しては、このスマッシュが必要になるので練習しておきましょう。ラケットを高く上げ、打つ直前に少しジャンプし、上から相手コートに向かって叩きつけます。ボールが落ちてくるところまで待って、焦(あせ)らずに打球することが大切です。

① ② ③ ④ ⑤

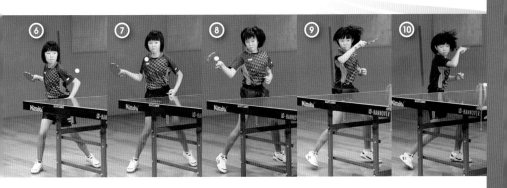

焦りは禁物。バックスイングの体勢作りがカギ

スマッシュで気をつけたいのが慌（あわ）てないこと。チャンスボールが来るとついつい急いで打ってしまいますが、それでは安定したスマッシュは打てません。多球練習で、しっかりボールを引きつけるリズムを覚えていきましょう。そのためには、バックスイングでの体勢作りが大切です。今まで「フォアハンド」や「フォアドライブ」でも、腰とひざを使って、しっかりとタメを作ることを学んできましたが、スマッシュでも同じです。そして、打った後も体勢が崩れないこと。ラケットを振った勢いで体が左側に流れてしまうと連打できなくなるので、崩れないよう下半身で上体を支えましょう。

卓球 おもしろエピソード

ロンドンで開催された第1回世界選手権

1926 in England

男子シングルスで優勝したジャコビは、博士号を持つ35歳の弁護士。すべてバックハンドで打球した

"ヨーロッパ選手権" として開始、大会の途中で "世界選手権" に

1926年12月6日、卓球発祥の地であるロンドンのメモリアルホールで、「第1回ヨーロッパ選手権」が開催された。参加したのはイングランド、ハンガリー、ウェールズ、チェコスロバキア、ドイツ、オーストリア、インドの7協会。4台のテーブルで男子団体、男女シングルス、男子ダブルス、混合ダブルスが行われ、全5種目をハンガリーが制した。参加者の服装は、Yシャツの上にベスト、ジャケットなどまちまち。当時の卓球は激しく動き回るものではなく、台の近くで安定重視のラリーを行っていたという。

当時、インドはイギリスの統治時代で、インドからロンドンへの移住者や留学生に限り参加が認められた。彼らはインド代表として出場することを希望し、主催者側がそれを受け入れたという。そして大会最終日の前日、12日に行われた会議で「インドも参加したことだし、"世界選手権" と名称変更しよう」ということで意見がまとまり、第1回世界選手権として認められたという経緯がある。

第1回世界選手権（世界卓球）の様子

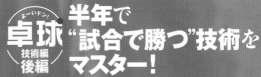

半年で
"試合で勝つ"技術を
マスター！

レシーブ
RV＆4球目で
チャンス
メイク！

レッスン7の「サービス＆3球目
攻撃」に続き、ここでは「レシー
ブ＆4球目攻撃」がテーマ。点を
取るのが難しいレシーブからの展
開を強化できれば、得点力は一気
に倍増だ！

LESSON

08

レシーブからの展開でも得点力をアップさせよう！

STEP 01 相手に強打させず、4球目攻撃につなげる！

「確実に返す」から「攻めさせない＆攻める」にレベルアップ

レシーブでまず大切なことはミスをしないこと。とにかく相手のコートに確実に返すことが、最初の目標になります。

少しずつ慣れてきたら、次はできる限り厳しい返球にして、相手に3球目で強打をさせないレシーブにすることが次のステップです。

そして最終的には、あまくなった相手の3球目に対して強打で攻めていき、自分の4球目攻撃につなげることが、レシーブからの展開の理想となります。

ただ返すだけのレシーブを卒業して、レシーブでの得点力を高めていきましょう！

まずは安全第一！
ミスなく返す
LEVEL 1

レシーブを工夫！

3球目を封じる！
強打させない
LEVEL 2

得点を狙え！

得点につなげる！
4球目で攻める
LEVEL 3

レシーブ&4球目のパターン ─ 01

短いサービスに対しては**ストップ**が有効!

　短いサービスが来た時は、ストップレシーブが効果的です。短く返球すれば、高い確率で相手の3球目強打を封じることができ、ストップに対する相手のツッツキを4球目で攻めていくことができます。

　右図は、フォアストップからのフォアドライブという基本パターンの例です。ぜひ練習に取り組んでみましょう。

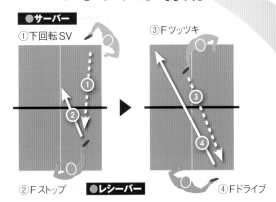

●サーバー
①下回転SV
②Fストップ
●レシーバー
③Fツッツキ
④Fドライブ

レシーブ&4球目のパターン ─ 02

長いサービスに対しては**攻める**&**ミドル狙い**

　長いサービスが来た時は、回転に関わらずドライブなどで攻めることが基本。特にフォア側に長めの下回転サービスが来るとツッツキでレシーブする人が多くいますが、できる限りドライブで返球してください。

　コースは基本的には打ちやすいコースでOKですが、迷った時はミドル狙いが良いでしょう。ミドルとはフォアで打つかバックで打つか悩む中間のコースのことで、具体的には相手の体の前（少しフォア側寄り）です。

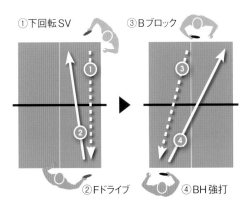

①下回転SV
②Fドライブ
③Bブロック
④BH強打

●フォアドライブRVで攻める展開

レシーブから
フォアドライブ（②）

レシーブ&4球目

T.WATANABE

サービス&3球目

Nittaku

　左図は、フォア側に来た下回転サービスに対して、フォアドライブで相手のミドルを狙ったパターン

※SV＝サービス、RV＝レシーブ、F＝フォア、FH＝フォアハンド、B＝バック、BH＝バックハンド

対右横&左横、困った時の安全策としてもミドルは便利!

上回転や横回転の速いロングサービスが来た時、もしレシーブ強打ができなくても、コースはミドルを狙って、相手の両ハンド強打を防ぎましょう。

このミドル狙いは、"安全策"という意味でも実は効果があります。特に右横回転と左横回転のサービスを混ぜて出されると、回転の判断が難しいので、ミスしにくいミドルを狙うのです。無理に両サイドを狙うと、回転を見誤った時にミスになるので注意が必要です。

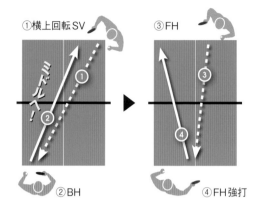

①横上回転SV　③FH
②BH　④FH強打

ミドルを突いて相手を崩す!
レシーブ&4球目
サービス&3球目

● 対ロング
"ミドル攻め"からの展開

バックに来たロングサービスに対し、バックハンドでミドルを狙ったシーン（②）。相手は詰まりながらの打球になるので（写真白丸）、4球目をフォア強打で狙っていく

レシーブ&4球目のパターン──03

バックへの長い下回転は**3つのレシーブ**を使う!

初・中級者の試合で多く使われるバックへの長めの下回転サービス。このサービスに対しては、回り込みフォアドライブ、バックドライブ、バックツッツキという3種類のレシーブのすべてを使えるようにすることが理想です。そして、それぞれのレシーブからの4球目攻撃も合わせて練習しましょう。

長いレシーブに対しては、なるべくドライブで攻めることが大切ですが、だからと言ってツッツキが不要なわけではありません。たとえば、ツッツキに対するドライブを苦手とする相手に対しては、あえてツッツキをして相手のドライブミスを誘うという作戦が有効です。このように戦術の幅を持たせるためにも、なるべく複数のレシーブ&4球目の展開を身につけてください。

● 回り込みFDからの飛びつきFD

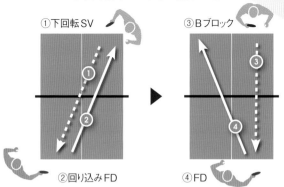

①下回転SV

③Bブロック

②回り込みFD

④FD

※ FD＝フォアドライブ、
BD＝バックドライブ

● BDからのストレートBH

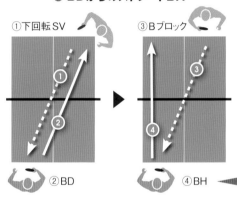

①下回転SV

③Bブロック

②BD

④BH

BDレシーブ
からの

レシーブ＆4球目

サービス＆3球目

4球目で
バックストレート！

● Bツッツキからのまわり込みFD

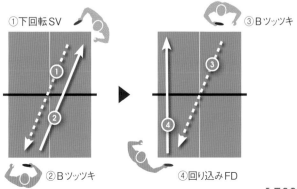

①下回転SV

③Bツッツキ

②Bツッツキ

④回り込みFD

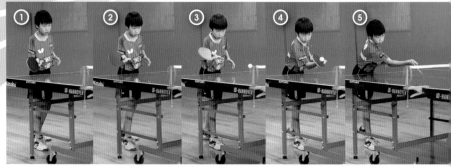

➡ 鋭いフォアツッツキ

① ② ③ ④ ⑤

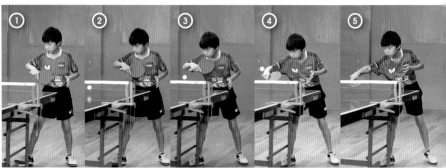

➡ 鋭いバックツッツキ

① ② ③ ④ ⑤

相手の３球目攻撃を封じるツッツキのレベルアップバージョン

STEP 02 鋭いツッツキ

強い回転をかけて、低くてスピードのあるツッツキを打つ

　レシーブでチャンスを作り出すために覚えたい新しいテクニックが鋭いツッツキです。今までのツッツキは、ミスしないよう軽く当てるだけの打球でしたが、より速いスイングで強い回転をかけて、低くスピードのある攻撃的なツッツキに進化させていきます。

　鋭いツッツキでレシーブをすると、相手は３球目で強いドライブが打てなくなり、また強い下回転がかかっているため、３球目のミスを誘うこともできます。相手が３球目をツッツキで返球したら、自分の４球目攻撃につなげられるので、オススメのレシーブテクニックです。

通常のツッツキ

速い&強い下回転の
鋭いツッツキ

相手に
ミスさせる
意識で
打とう！

スイングは大きくせず、コンパクト＆スピーディー

　鋭いツッツキのスイングは、基本的には通常の
ツッツキと同じで、スイングを速くするだけと考えて
ください。無理に強く振ろうとすると、バックスイン
グが大きくなって打球が安定しないので、コンパクト
なスイングで鋭く回転をかけることが大切です。打
球点は頂点よりも少し前が理想。打球点が遅れて、
低い位置での打球になると、鋭いツッツキにはなり
ません。あとは、打つ時の"気持ち"が大切で、「安全
につなぐ」ではなく、「相手にミスをさせる！」という
イメージを持つことで、鋭さもアップします！

バックスイングの引きすぎに注意！

レシーブ＆4球目のパターン ── 04

鋭いツッツキでゆるいドライブを打たせる

　鋭いツッツキレシーブからの展開は、相手に3球
目でツッツキをさせ、4球目でドライブを狙うパ
ターン。もうひとつ、相手に3球目でゆるいドライ
ブを打たせて、それを強打で攻めるパターンの2つ
があります。レベルが高くなってくると、相手にド
ライブを打たせて、それを攻め返す「カウンター」
プレーも重要になるので、ドライブに対する強打の
練習も取り入れましょう。

レシーブ＆4球目
フォア側に
鋭いツッツキ！

サービス＆3球目

相手は
入れるだけの
ドライブ

4球目で
フォア強打！

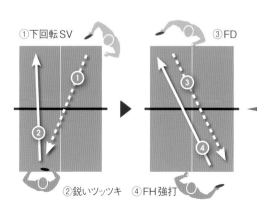

①下回転SV　　　③FD

②鋭いツッツキ　④FH強打

フォアブロック ① ② ③ ④

バックブロック ① ② ③ ④

攻められても大丈夫! 守備的テクニックで確実に返球

STEP 03 ブロック

コンパクトなスイングで力は加えない

　レシーブは相手に攻めさせないことが大切ですが、それでも相手に攻められる展開は必ず出てくるので、相手の強打を返球するためのテクニックとしてブロックを練習しましょう。

　打ち方は、基本打法のフォアハンド、バックハンドをベースにして、スイングをコンパクトにするだけです。大きくバックスイングは引かず、早めの打球点で軽く当てるだけ。強く打ったり、打球点が遅れるとミスになってしまいます。

　ブロックができるようになれば、相手の3球目攻撃も怖くありません。最初は打ち返すコースは気にしなくて良いので、確実に相手のコートに返球することを目標にしましょう。

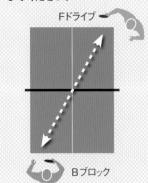

◀ おすすめ基本練習 ▶

**ブロック対ドライブの
ラリー練習**

　ドライブ対ブロックでラリーを続ける基本練習です。ブロックの練習としてぜひチャレンジしてください。

Fドライブ

Bブロック

ラケットは高くして、上からとらえるイメージ

ブロックは、ラケットを高めの位置にキープしておくことが最初のポイント。ラケットを低い位置で構えると、下から上のスイングになってオーバーミスが増えてしまいます。ラケットの位置を高くして、上からボールをとらえるイメージで打ちましょう。そして、相手のドライブの回転量に合わせて、適切なラケット面の角度を作ります。通常のバックハンドよりは、少し下向きの角度になります。あとは準備を早めにすることもポイント。相手が打球してから動くのではなく、ドライブを打つ体勢になった段階でブロックの形を作りましょう（右下写真参照）。

ラケットは高めキープ！

レシーブ＆4球目のパターン ── 05

ブロックを使った守りの展開も強化しよう

レシーブ＆4球目の展開は、攻めるパターンだけでなく、相手に攻められてブロックで返球する守りのパターンも練習しておきましょう。下図は、3球目の回り込みフォアドライブに対するブロックという、試合でもよく見られる展開です。初・中級者の試合では、相手はクロスにドライブしてくることが多いので、ブロック練習もクロスに攻められることを想定した練習のみでOKです。

レシーブ＆4球目

バックにツッツキ！

サービス＆3球目

準備OK！

相手がドライブの体勢に入った時点で、ブロックの準備ができている

4球目でバックブロック！

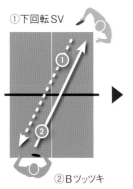

①下回転SV

③回り込みFD

②Bツッツキ

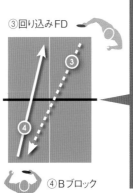

④Bブロック

いろいろな
サービスを
覚えよう！

LESSON
09

そろそろ基本的なサービスはミスなく出せるようになっているはず。しかし、さらに強い人に勝つためにはもっともっとサービスを磨かなければならない。勝利につながる新たなサービスを覚えよう！

サービスの質を高めよう!

相手のレベルが上がるにつれて、サービスもレベルアップさせていかなければなりません。

上達のポイントは3つあります。まずひとつ目は「コース」で、コートのどこへでも正確に出せるようにしていくことが大切です。2つ目は「スピード」。ゆっくり飛ぶ短い

サービスも大切ですが、初級者の場合は速くて長いサービスが有効なので、しっかりと練習しましょう。そして3つ目は「回転」。やはりサービスでは強い回転をかけられることが重要です。今使っているサービスにさらに磨きをかけて、回転量をアップさせましょう!

2種類のサービスを習得!

試合では、自分のサービスが相手に慣れられてしまうこともあるので、最低でも2種類のサービスを身につけておく必要があります。ひとつのサービスしか使っていない人は、違うフォームから繰り出す新サービスにも挑戦してみましょう。

2種類のサービスを身につけるうえでポイントになるのは、右横回転と左横回転の左右それぞれの回転を習得することです。今使っているのが一般的な右横回転のフォアサービスならば、新しく覚える2つ目のサー

ビスは、巻き込みサービスやYGサービスなど左横回転のサービスが良いでしょう。それぞれ横上回転、横下回転などの回転の種類を持ったうえで、さらに左右の回転を混ぜることができれば、相手のレシーブをさらに崩せるようになります。

ちなみに通常の右横回転のフォアサービスは「順横」、その逆は「逆横」と呼ばれ、この2つを組み合わせる戦い方は、トップ選手も使う王道のサービス戦術と言えます。

通常のフォアサービス（順横）

●樊振東（中国）
順横（右横回転）
相手の【バック側】に曲がる

トップ選手も使い分ける2つの横回転

YGサービス（逆横）

逆横（左横回転）
相手の【フォア側】に曲がる

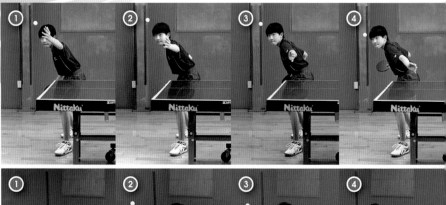

巻き込みSV（サイドから）

① ② ③ ④

巻き込みSV（正面から）

① ② ③ ④

逆横サービスを使うなら、まずはコレ!

STEP 01 巻き込みサービス

逆横の定番
おすすめ
サービス!

ボールの外側をとらえて、左横回転をかける!

逆横サービスの定番とも言えるテクニックが、「巻き込みサービス」です。ひじを背中側に引いてバックスイングをとり、ラケットを左から右ななめ前（体の内側から外側）にスライドさせて、左横回転をかけます。打球する時にボールの右側（外側）をとらえるのがポイントで、ラケットでボールを包み込むようにしてスイングするため「巻き込み」という名前がついています（右図参照）。

巻き込みサービスは、ラケットを持ち替えずに出すことができ、初級者でも比較的簡単に習得できるので、新たに覚える逆横サービスとしては最適です。

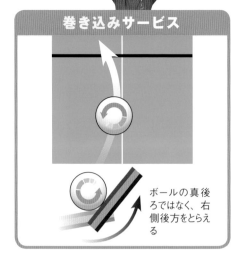

巻き込みサービス

ボールの真後ろではなく、右側後方をとらえる

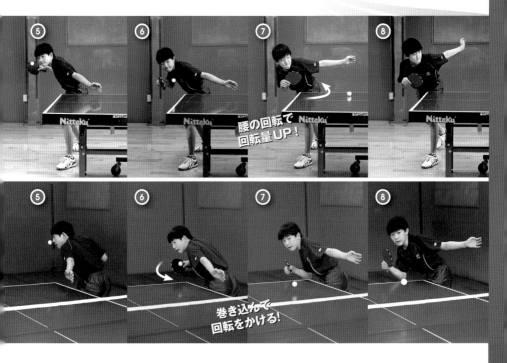

⑤ ⑥ ⑦ ⑧

腰の回転で
回転量UP！

⑤ ⑥ ⑦ ⑧

巻き込んで
回転をかける！

当てる場所を変えて、回転を出し分けよう！

　巻き込みサービスは、下回転と上回転を出し分ける時にフォームの違いがわかりづらいというメリットもあります。フォームで相手をだますことができる有効なサービスなのです。

　回転の出し分けのポイントは、ラケットにボールを当てる位置。ボールを巻き込んでいくスイングは大きく変えず、当てる位置で回転を変えます。横下回転をかける時はボールの右下をとらえ、ラケットの下側で打球。横上回転の時はボールの右上をとらえ、ラケットの先端寄りの上側で打球しましょう。

　上のモデルの連続写真は、ボールの少し下をとらえた、横回転が強めの横下回転。振り終わりの形を見ると下回転がかかっているようには見えませんが、横回転だと思ってフリックレシーブするとネットミスになるはずです。

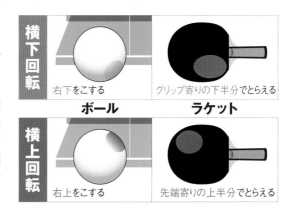

横下回転
右下をこする
グリップ寄りの下半分でとらえる

ボール　　**ラケット**

横上回転
右上をこする
先端寄りの上半分でとらえる

YGサービス（サイドから）　① ② ③ ④

YGサービス（正面から）　① ② ③ ④

トップ選手向けの逆横ハイテクニック
STEP 02 YGサービス

筋力が必要！無理は禁物です！

ひじを支点にして、外側にラケットを振り抜く

　巻き込みサービスと並び、王道の逆横サービスとして知られるのが「YGサービス」です。ひじを高く上げてラケットを体の内側に引き、ひじを支点にしながら外側にスイングして打球します。一般的なフォアサービスと逆方向のスイングと考えるとわかりやすいでしょう。

　特に男子選手の間で人気のサービスで、使いこなすことができれば強い回転をかけることができますが、速くスイングするためには筋力が必要。巻き込みサービスに比べると難易度は高く、習得にも時間がかかってしまうので、使い勝手で考えるならば巻き込みサービスのほうが良いでしょう。

ノーマル　YG

普通のフォアサービス（左）とYGサービス。スイングの方向が逆になり、YGの場合は体の近くから外側に向かって振る

キホンのタッキュー語

YG（ワイジー）サービス

「YG」とは「Young Generation（ヤング・ジェネレーション）」の略で、意味は「若い世代」。ヨーロッパの若手選手の間で流行したことで、このような名前がついた。「ヤンジェネ」とも呼ばれる。

ひじを上げる

外側にスイング！

逆横サービスは 3球目フォア攻撃がやりやすい！
フォア前を狙って相手のレシーブを崩せ！

　サービスは常に3球目攻撃とセットで考えることが大切です。新しいサービスを習得する時は、どのようなレシーブが来やすいのかも、しっかりと考えたうえで練習しましょう。

　逆横サービスに関して言えば、フォアハンドでの3球目攻撃がやりやすいというメリットがあります。左横回転のサービスを出すと、回転の影響によって相手のレシーブがサーバーのフォア側に集まりやすくなるからです。

　また逆横サービスは、相手がレシーブしづらいフォア前（フォア側浅く）に出しやすいという特徴もあります。フォア前を攻めるサービス戦術は非常に効果があるので、逆横サービスでのフォア前狙い＆3球目フォア攻撃を上手（じょうず）に活用してください。

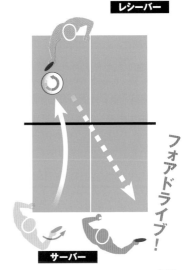

レシーバー

フォアドライブ！

サーバー

しゃがみ込みSV（サイドから）

① ② ③ ④

台から
少し離れる

しゃがみ込みSV（正面から）

① ② ③ ④

強い回転がかかり、見た目のインパクトも大！

STEP 03 しゃがみ込みサービス

スイングと同時にしゃがみ込み、その力を利用して回転をかける

「しゃがみ込みサービス」とは、名前のとおり、しゃがみ込みながら出すサービスです。体を下に沈ませる勢いを利用することで、ボールに強い回転をかけることができます。

出し方は、少し台から距離をとって、体をほぼ正面に向けて、体の前でボールをトス（投げ上げ）。そして、しゃがみ込みながらボールの右側をラケットのフォア面でこすって打球します。上の連続写真はボールの右下をとらえて、下方向に切り下ろしている左横下回転。ボールのとらえる場所を変えれば、横回転や横上回転をかけることも可能

で、回転の出し分けの仕組みは、p.119で紹介した巻き込みサービスと同じです。さらに応用して、バック面で打つしゃがみ込みサービスもあるので、いろいろ工夫しながら、オリジナルのサービスにも挑戦してください。

使う選手はあまり多くないが、だからこそ取り慣れている人も少なく、使えば効果は大きい。リオ五輪女王の丁寧（中国／左写真）も使い手のひとりだ！

⑤ ⑥ ⑦ ⑧

しゃがみ込み
ながら……

鋭く
切り下ろす!

⑤ ⑥ ⑦ ⑧

体（顔）の
近くで打球

回転がかからない人は、短いサービスNG!?
思い切りスイング&長いサービスで練習しよう！

　しっかりと回転をかけることはすべての
サービスで大切なポイントですが、うまくで
きずに悩んでいる人は多いと思います。回
転がかからない原因はいくつかありますが、
中でも多いのが「スイングスピード不足」。
単純にスイングが遅いために回転がかから
ないだけなので、まずは勢い良くスイングす
ることを心がけてください。

　この時に注意したいのが、最初は短い
サービスではなくて、長いサービスから始
めることです。短く出そうとするとどうして
も力加減が気になってしまい、思い切った
スイングになりません。回転をかける感覚を
覚えたいならば、まずはすばやくスイング

し、長くてスピードのあるサービスから始め
るのがオススメ。速くて切れたサービスが出
せるようになったら、徐々に短く出すサービ
スにもチャレンジしましょう！

すばやく振る！
強い回転をかける
には、腕だけでな
く体全体で打つこ
とも大切だ

123

バックSV（サイドから）

バックスイングで腰をひねる

バックSV（正面から）

体を正面に向けて、バック面で出すサービステクニック

STEP 04 バックサービス

腰の回転を使うことで回転量が格段にアップ!

　バック面で打球するのが「バックサービス」です。体をほぼ正面に向けて構えて、体の前でボールをトスし、同時にラケットを体の左側（バック側）に引いてバックスイング。ラケットをフォア側に引っ張るようなスイングで、ボールに回転をかけます。回転の方向は巻き込みサービスなどと同じ左横回転で、ボールのこする位置を変えれば横下回転や横上回転などの出し分けが可能になります。

　バックサービスはフォアサービスに比べて腰が使いやすいというメリットがあり、使いこなせばフォアサービスよりも強い回転がかけられます。バックスイングで腰を左側にひねり、スイングと同時に腰を右側に回転させ

て打球しましょう。どのサービスにも言えることですが、回転量を上げるには、「手打ち」にならず、体全体を使うことが大きなポイントです!

バックサービスをYGに応用!

　YGサービスとバックサービスの動きは似ています。YGサービスをやりたいけどうまくできない人は、先にバックサービスに取り組んでみると良いでしょう。

スイングの仕組みは似てる!

バックサービス　　　YGサービス

⑤ ⑥ ⑦ 腰を使って スイング！ ⑧

⑤ ⑥ ⑦ フォア側に ラケットを引く！ ⑧

●相手が苦手な場合あり。自信がなくても別のサービスを使おう！

　複数のサービスを覚えたら、試合では状況に応じてそれらを使い分けます。この時、自分にとってどちらのほうがやりやすいかだけではなくて、相手の選手がどのサービスを嫌がるのかを見極める意識が大切です。

　メインのサービスがうまく効いていないのであれば、たとえ他のサービスの展開に自信がなかったとしても、絶対に試してみるべ きです。もしかしたら、こちらの予想以上に相手は嫌がるかもしれませんし、サービスの変更をきっかけに試合の流れが変わることもあるからです。

　試合で負けてから「あっちのサービスも使えば良かった……」と後悔しないよう、日頃からメイン以外のサービスからの展開も鍛えておくと良いでしょう。

●試合で勝ちたいならば、サービス練習は必ずやろう！

　人によっては「サービス練習はつまらないからやりたくない」と思うかもしれませんが、残念ながらそれでは試合で勝てる選手にはなれません！ サービスは卓球で最も重要で、得点に直結する技術です。強くなりたければサービス練習は欠かせないですし、 サービスをたくさん練習すれば、必ず実力はアップします。ただし漠然と練習をしていても楽しくはないので、的を置いて狙ったり、練習の目標やテーマを決めて行うなど、ひと工夫して自分なりに集中できる方法を考えてみましょう。

キホンのタッキュー語講座 Vol.04

close to table, middle distance, far from table

前陣・中陣・後陣

| 0〜1m | 1〜2m | 2m〜 |

台からどれくらい離れた立ち位置かを示す用語

選手が台からどれくらい離れた位置にいるかを表すのが、前陣・中陣・後陣という用語だ。台（エンドライン）のすぐ近く、およそ0〜1m付近が「前陣」。少し離れた1〜2m付近が「中陣」。およそ2m以上と台からかなり離れた位置が「後陣」だ。

選手によって、前陣を中心に戦うタイプ、中陣〜後陣を中心に戦うタイプなどがいる。

前陣でプレーするメリットは、早いタイミングで打球するので、相手の待ち時間を短くできること。その分、自分の待ち時間も短いので、スイングは比較的コンパクトにする必要がある。

逆に中陣でプレーすると、自分の待ち時間に余裕がある分、大きなスイングで威力あるボールが打てる。

＋αのタッキュー語集

【ロビング】
相手の強打に対し、主に後陣から、高い山なりのボールで返球する守備的打法。詳しくはp.132〜133参照

【フィッシュ】
中〜後陣から、上回転をかけて、相手コートに低くつなぐ、守備的なバックハンド打法。ロビングより低い弾道で、バックドライブに近い。スウェーデン選手が“釣（つ）り”の動作になぞらえて命名したと言われる

【競技領域】
プレーする領域。ルールでは、「長さ14m×幅7m以上の長方形で、高さ5m以上」と定められている

卓球 おもしろエピソード

世界卓球で2時間超のラリー

1936
in Praha

極端な粘り合い続出で、ネットの高さを引き下げることに

1936年、チェコスロバキア（当時）のプラハで開催された第10回世界卓球。男子団体戦のエーリッヒ（ポーランド）対パネス（ルーマニア）の試合、その最初のポイントで、何と2時間を超えるツッツキの粘り合いが起こった。それにより、審判員が首を傷めて途中交代したと言われている。また男子団体戦のオーストリア対ルーマニア戦は、トータル11時間かかった。

当時はネットが今より1.9cm高いうえに、一枚ラバーしかない時代なので、現在より攻撃の威力は低く、守備的プレーが主流の時代だった。さらにプラハ大会の台は弾みが悪かったことから、長時間の粘り合いが増えたのだ。

そして翌1937年2月の第11回世界卓球バーデン（オーストリア）大会では悲劇が起こった。女子シングルス決勝のアーロンズ（アメリカ）とプリッツィ（オーストリア）戦が、新規定である1試合の制限時間（1時間45分）に達してしまった。これで両者失格という裁定が下り、女子シングルスは「優勝者なし」という扱いになったのだ（現在では両者とも優勝という扱いに変更）。このような事態を経て、37年秋からネットの高さを1.9cm引き下げて、現在の15.25cmに変更。極端な粘り合いが減って、卓球競技として発展することになったのだ。

卓球
技術編
後編

半年で
"試合で勝つ"技術を
マスター！

ロビング♪

応用
テクニックに
チャレンジ！

基本技術の他にも、まだまだ卓球には
様々なテクニックがある。プレーの幅を
広げ、新たな得点パターンを身につけ
るために、ここでは少し難しい応用テク
ニックに挑戦だ！

LESSON
10

目指せ! 「脱・初級者」高度な技術にも挑戦!

フォアハンド、バックハンドから始まり、ドライブ、台上技術、サービスなど、試合で必要になる基本技術はすでに紹介しました。「卓球は基本が大事」と言われており、今後も基本技術のさらなるレベルアップは必要ですが、もっと強い選手になるには、より高度なテクニックも覚えていく必要があります。

ここでは中・上級者が使っている応用テクニックとして、攻撃技術のカウンター、守備技術のロビング、台上技術のチキータ＆逆チキータという4つのテクニックを紹介します。ぜひ新しいプレーに挑戦してみてください!

カウンター	➡ p.130~131
ロビング	➡ p.132~133
チキータ	➡ p.134~135
逆チキータ	➡ p.136~137

これができたら中級者!

基本だけでは慣れられる「変化」をつけるべし!

基本技術をある程度使えるようになったら、さらにレベルアップさせるために「変化」をつけたプレーを意識してみましょう。相手も取り慣れている基本的な打法では得点につながりにくいので、スイングや回転に変化を加えて、相手が嫌がる、相手のミスを誘える技術に進化させるのです。

たとえばツッツキならば安全に返すだけではなく、強く切る、横回転を入れる、打球点を早くするなど、ひと工夫を加えることでより効果的な技術になります。

基本打法の習得で満足していては、さらなるレベルアップは期待できません。「どうすれば もっと得点できるか」を考えながら、積極的に変化をつけたプレーに挑戦しましょう。

多彩かつ独創的な変化プレーが光る 伊藤美誠選手

フォアカウンター ① ② ③ ④

バックカウンター ① ② ③ ④

守備テクニックのブロックを攻撃的に進化

STEP 01 カウンター

守っているだけでは勝てない。相手の攻めを攻め返そう!

相手に攻められた時に使う守備テクニックの「ブロック」(レッスン8)を、攻撃的に進化させた技術が「カウンター」です。レベルの高い相手に対しては、ブロックで守っているだけでは得点できないので、相手の攻めを攻め返すカウンターが重要になります。ある程度ブロックができるようになった選手は、積極的にカウンターにも挑戦しましょう。

ブロックはラケットを動かさず、軽く当てるだけで返球するのがポイントでし

たが、カウンターはコンパクトなドライブのイメージでスイングをします。最初は正確にボールをとらえるのも難しいので、多球練習で繰り返し練習するのが良いでしょう。

バックブロック ① ② ③

ブロックはなるべくラケットは動かさず、ボールに強く力を加えない

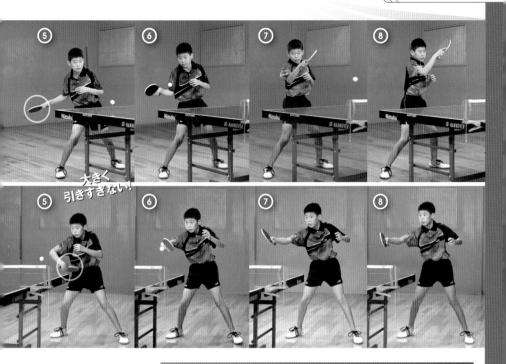

⑤ 大きく引きすぎない！

バックスイングをコンパクト＆上から被せるイメージ

　カウンターで大切なのが、スイングをコンパクトにすることです。相手の打球（ドライブ）は、スピードがあるうえにバウンドした後にボールが伸びてくる（加速する）ので、大きくラケットを引いてしまうと、ボールをとらえるのが難しくなります。また、カウンターは相手のボールの勢いを利用する技術なので、自分から強く力を加える必要

もありません。コンパクトなバックスイングを心がけてください。

　ラケットを下から振らないこともポイントです。相手の強い上回転ボールに対して、下から振り上げてしまうと当然ながらオーバーミスになってしまいます。打球面は伏せて（下に向けて）、ボールの上から被せるイメージで打つと良いでしょう。

ワンポイント・アドバイス

どっちも OK!

こするドライブタイプ＆叩くミート打ちタイプ

　カウンターは上回転をかける「カウンタードライブ」のほうが安定しますが、最近は伊藤美誠選手が使う「みまパンチ」のように、回転をかけずに叩き打つ「ミート打ち」のカウンターもよく見られます。相手コートに入ればどちらでもOKですので、自分なりにやりやすいカウンターを練習しながら身につけてください！

① 台から離れた位置で
スタンバイ

②

③ ボールに合わせて
左足を出す

台から離れて後陣でスマッシュを返球する守備テクニック

ロビング

高い弾道で返球して強打をしのぐ。ポジショニングを意識しよう

相手の強打に対して、台から距離をとって高い弾道で返球するフォア＆バック技術が「ロビング」。高いボールに対しては相手も強打が難しくなるので、ロビングでしのぎつつ、相手のミスを誘ったり、反撃のチャンスをうかがうための技術です。ロビングで重要なのが、できる限り早くボールの来る位置に動くこと。相手の打球のコースを確認したらすぐに動き出して、バックのロビングであれば常に体の前で打ちましょう。

また似たような守備技術で、上回転をかけつつ低めの弾道で返球する「フィッシュ」というバックのテクニックもあります。

レベルが高くなってくると、自分が相手の強打をしのぐだけでなく、相手にロビングやフィッシュでしのがれる展開も試合の中で出てきます。攻めと守り両方のレベルアップを兼ねて、片方がロビング、片方がスマッシュでラリーを続ける練習を、チームで取り入れてみてください。

高い弾道で返球
ロビング

回転をかけて低く返球
フィッシュ

相手のスマッシュ

POINT 相手のコートの端、「深く」を狙うのがポイント！ 浅いと強くスマッシュされてしまう

④ ⑤ ⑥

⑦ 体の前で
とらえる

⑧

⑨ 高く飛ばす!

中・後陣のドライブラリー「引き合い」

トップ選手同士の試合では、中・後陣に下がってドライブで打ち合うハイレベルなラリーがよく見られます。このようなドライブ対ドライブのラリーを「引き合い」と言います。特に男子選手になると、引き合いで打ち勝つことも重要になってくるので、基本のドライブ対ブロックのラリーができるようになったら、引き合いの練習にもトライしてください。

最初から全力でドライブを打つと難しいので、中陣で強めにフォアハンドを打つくらいのイメージで始めて、徐々に強いドライブにしていきましょう。

大きいスイングで打球する引き合いは、ドライブでの下半身の使い方を身につけるのにも良い練習になります。

トップ選手のようなダイナミックなラリーを目指して、引き合いにチャレンジ！

引き合いで打ち勝て！

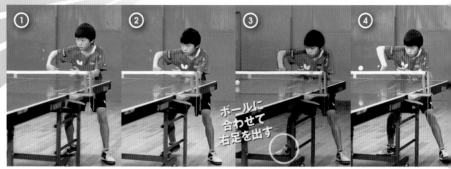

① ② ③ ④

ボールに
合わせて
右足を出す

中・上級者には必須の台上攻撃テクニック

STEP 03 チキータ

ひじを高く上げ、前腕&手首を使って強い回転をかける

　攻撃的な台上技術として、中・上級者がよく使うのが横回転を加えた台上でのバックドライブ技術の「チキータ」です。下回転の短いボールに対しても強打ができるということで、2010年代に一気に世界的に広まった新しいテクニックでもあります。

　基本的な打ち方はバックドライブに似ていますが、チキータの場合はひじを高めに上げて打つことがポイント。ラケットヘッド（先端）を下に向けつつバックスイングをとり、ボールの左後方をとらえるイメージで、前腕と手首を使って上前方に鋭く振り抜きます。ボールには右横回転がかかるので、右側にカーブしながら飛んでいきます。

　最初から速いボールを打とうとすると安定しないので、まずは回転量重視でゆっくりと飛ばしましょう。また右足をボールの位置に寄せて、体をボールに近づけるという台上技術の基本も忘れてはいけません。

チキータ

右横回転が
かかって
右側にカーブ！

ボールの左後方をとらえて、
右横回転を加える

キホンのタッキュー語

チキータ
「チキータ」というネーミングは、有名なバナナブランドの名前が由来。強い横回転がかかり、カーブしながら飛んでいくという理由で名づけられた。

⑤ ひじは高く！
⑥
⑦
⑧

チキータ　フリック

ひじを上げることで、前腕をより速く、より大きくスイングさせることができる。フリックとのフォームの違いに注目！

負担がかかるのでケガに注意！

チキータの習得は焦（あせ）らずに！

　上級者には必須技術と言えるチキータですが、初級者の場合は基本のバックフリックができれば、チキータは無理に覚える必要はありません。チキータは負担のかかる体勢で前腕＆手首を使うので、練習しすぎると腕を傷（いた）める恐（おそ）れもあります。小・中学生は、まずはフリックを覚えて、筋力がついてから取り入れたほうが良いでしょう。

① ② ③ ④

近年流行している第2のチキータ

STEP 04 逆チキータ

ボールの右下をとらえて、チキータと逆の回転をかける

チキータと同じく、近年よく使われるようになった台上技術が「逆チキータ」です。ボールの左後方をとらえて右横回転をかけるチキータに対して、逆チキータはボールの右後方をとらえて左横回転を加えます。打ち方としては、横回転を加えたバックツツキというイメージになります（詳しくは右ページ）。

レシーブで使われることが多く、右に曲がるチキータと左に曲がる逆チキータを混ぜることで、より効果的な返球になります。

チキータよりも習得しやすく、かつ取り入れやすい技術なので、初級段階から積極的に使ってみましょう。

別名「ミユータ」!?

加藤美優（みゆ）選手が使い始めたことから一時は「ミユータ」という名前で広まった

逆チキータ

左横回転がかかって左側にカーブ！

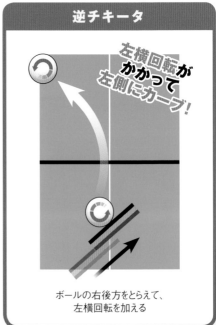

ボールの右後方をとらえて、左横回転を加える

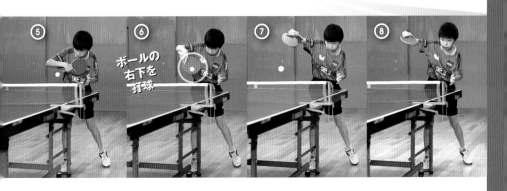

⑤　⑥　ボールの右下を打球　⑦　⑧

キヌコ先生直伝！上達のツボ

横回転を加えたツッツキのイメージで始めよう！

　逆チキータのスイングがいまひとつわからない人は、最初はボールの右下をとらえる横下回転のバックツッツキというイメージでやってみましょう。バックツッツキができる人ならば、それほど難しくないはずです。

　これで慣れてきたら、打球の瞬間にラケットを右上に引っ張って、横上回転の逆チキータにも挑戦してみます。

　ボールのスピードよりも、回転の変化でチャンスを作るタイプのテクニックなので、強く飛ばしすぎず、しっかりと回転をかけて返すことを重視しましょう。

レシーブでどんどん使ってみよう

137

キホンのタッキュー語講座 Vol.05

Table & each parts
卓球台 および各部の名称

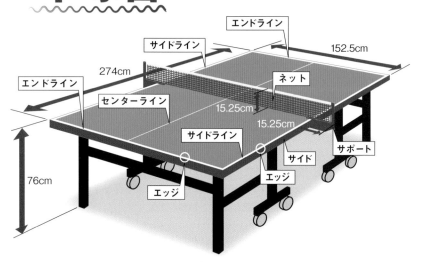

1900年代初頭からサイズが変わらない卓球台

卓球台の材質に決まりはないが、実際は木製のものがほとんど。「ボールを30cmの高さから落とした場合、約23cmの均一なバウンドがあるもの」と定められている。

台の表面（プレーイングサーフェス）の色は、無光沢な均一の濃色と決められている。

縦横の長さの数値が半端な値なのは、1900年代初頭に長さ9フィート、幅5フィートと定められたものを、途中からメートル法に切り替えたためだ。

また台の横の縁（ネットに平行）は「エンドライン」、縦の縁は「サイドライン」。どちらも台の表面に20mmの白線が引かれる。そしてサイドラインに平行に、台の中央を示すのが「センターライン」で、3mmの白線が引かれる。

+αのタッキュー語集

【ネットアセンブリ】
ネット、つりひも、サポート（金属製の支柱）を合わせて「ネットアセンブリ」と呼ぶ。いわゆる「ネットイン」は、ネットアセンブリにボールが触れてから相手コートに入ること

【チェンジエンド】
双方の競技者がエンドを入れ替わること。1ゲームが終了するごと、そして最終ゲームに一方が5点に達した時にチェンジエンドする

【フェンス】
競技領域を区切るための、高さ75cmまたは50cmの仕切り板。ボールが転がっていくのを防ぐ目的でも使われる。フェンスを跳び越えて、競技領域の外でプレーしても構わない

よーいドン！
卓球
技術編
後編

半年で
"試合で勝つ"技術を
マスター！

ゲーム練習で試合に強くなろう！

基本的な練習だけやっていても、試合で勝てる選手にはなれない。試合に強くなるには、実戦形式の「ゲーム練習」で試合で勝つための力をつけることが大切だ。様々なゲーム練習で楽しくレベルアップしよう！

LESSON

11

特別レッスン

➡ 練習メニューを作ろう！
➡ 戦術ってナニ？

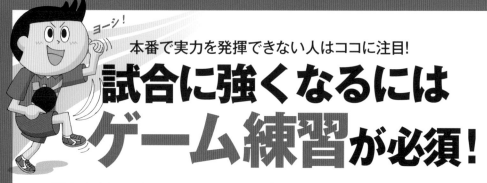

ヨーシ！

本番で実力を発揮できない人はココに注目！

試合に強くなるには
ゲーム練習が必須！

日頃からゲーム練習をすれば、本番でも緊張せずにプレーできる

「試合になるとミスばかり」「本番だといつもどおりのプレーができない」と悩む人はたくさんいます。そのような人に欠かせないのが、試合形式の「ゲーム練習」です。

練習で上手に打てたとしても、その技術が必ずしも実戦で使えるわけではありませ

ん。ゲーム練習を通して、試合で使えるレベルに技術を高めなければ、本番で理想のプレーはできません。また本番の試合は緊張して、いつものプレーができなくなるもの。日頃からゲーム練習をたくさん行い、試合そのものに慣れておくことが大切です。

まずは技術を身につけよう	実戦形式で技術をチェック	練習と同じプレーを！
基本練習で技術力アップ	**ゲーム練習で実戦力アップ**	**本番の試合で実力発揮！**
STEP 1	STEP 2	STEP 3

ココが大事！

強くなるゲーム練習 01
3球目攻撃 限定ゲーム

● 3球目攻撃を強化するゲーム練習。サービス、レシーブ、3球目攻撃のコースを限定して、4球目以降はオール（自由）というルールで行う。右図は下回転サービスからの回り込みフォアドライブを強化するパターン。

レシーブ側にとっては4球目ブロックの強化につながります。攻められた展開でも得点できるよう、ブロックのコースを意識して返球しましょう。

※F＝フォア、B＝バック

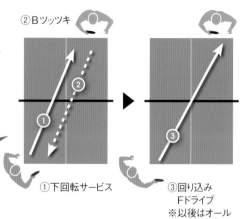

②Bツッツキ

①下回転サービス

③回り込み
Fドライブ
※以後はオール

**強くなる
ゲーム練習の
工夫**

強化したいテクニックや展開がある人は

技術やコースを限定しよう!

ゲーム練習は、実際の試合と同じルールで行う方法もありますが、ひと工夫を入れることでより効果的なメニューになります。

そのひとつが、選手の課題に合わせて技術やコースを限定する方法です。たとえば「ツッツキが上手になりたい」のであれば、ツッツキだけでプレーするゲーム練習がオススメです（詳しくは下記）。チームでアイデアを出し合い、いろいろなゲーム練習をしてみましょう。

強くなるゲーム練習02
ツッツキ 限定ゲーム

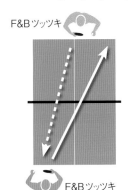

F&Bツッツキ

●下回転サービスからスタートして、お互いにツッツキ（ストップもOK）のみで試合を行う。

F&Bツッツキ

ツッツキが
自然とうまくなる!

ただ安全に入れるだけでは得点につながらないので、コースを突（つ）く、回転に変化をつけるなどの工夫が必要。このゲーム練習でツッツキでチャンスを作る方法が自然と身についていきます!

強くなるゲーム練習03
バック半面 限定ゲーム

バック対バックに
強くなろう!

FH&BH

ミス
ゾーン

ミス
ゾーン

FH&BH

●試合でよく見られるバック対バックの展開を鍛（きた）えるためのゲーム練習で、お互いにバック半面のみに返球する。「バックハンド（BH）のみ」「回り込みフォアハンド（FH）も可」など、レベルや強化したいテクニックに応じてルールを変える。

サービスは何でもOKですが、ロングサービスに対するレシーブが苦手（にがて）な選手であれば、ロングサービス限定にするのも良いでしょう。

ゲーム練習は楽しくやれば効果もアップ！

試合形式をひと工夫しよう！

通常の試合だけでは飽きてしまうので、点数や勝敗のつけ方などを工夫して、楽しみながらゲーム練習をしましょう。

人数が多いチームの場合は、皆でたくさん試合ができるような工夫があると効率が良くなり、試合も盛り上がります！

勝ったら上のコートへ！

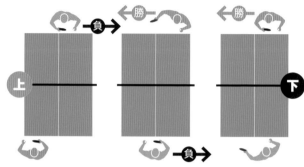

強くなるゲーム練習04
エレベーター

●数台並んだ卓球台の片側を【上】、反対側を【下】として、試合で勝った人は上側の台に移動、負けた人は下側の台に移動。時間や試合数で区切って、数試合を行う。最後の試合で、一番上のコートで勝利した人が優勝。

↑一番上の台の
勝者はそのまま

負けたら下のコートへ…

次の挑戦者

挑戦者

連勝中の王様

強くなるゲーム練習05
王様ゲーム
（1本勝負／計11点マッチ）

●人数が多い時にオススメ。1台に3～5名が入り、1本勝負で試合を行う。勝った人は【王様】としてそのまま台に残り、負けた人は待っている人と交代（次の挑戦者がサービスを出す）。これを繰り返して、合計で11回勝った人が勝利。

偉関TTLでは「エレベーター」と「王様ゲーム」を組み合わせたゲーム練習をよく行っています。各台に3～4名が入って、それぞれで王様ゲームを行い、11点を取ったその台の勝者は上の台に、一番点数が少なかった人が下の台に移動、というルールです。たくさんの選手と試合ができて、すごく盛り上がるのでオススメです！

オススメ！

強くなるゲーム練習06
8−8からのゲーム

●8−8から試合を行う（ジュースあり）。試合終盤の競り合いに強くなることが目的。同様に、試合のスタートダッシュに強くなるゲーム練習として、「0−0からの3点マッチ」という方法もある。

偉関TTL、クラブ選手権優勝の裏話。「6−6からでも大丈夫！」

試合の終盤に緊張して負けてしまうケースはたくさんあるので、偉関TTLでは「8−8からのゲーム」をよくやっています。

実は2019年の全日本クラブ選手権は台風の影響で、予選リーグのみ6−6からスタートという特別ルールでした。戸惑う選手もいましたが、偉関TTLの選手たちは普段から8−8の試合をやっていたので、「むしろいつもより多いよ（笑）」と言って、それ

ほど緊張せずに戦い、見事優勝することができたのです（下写真）。日頃のゲーム練習が活きた結果と言えるでしょう。

どんどん試合をして、ゲーム練習を好きになろう！

試合で勝ちたいのであれば、ゲーム練習は必須です。毎日の練習で必ずゲーム練習の時間を作って、たくさん試合をしてください。そうすれば、試合に慣れていき、実戦でも自分の力を出せるようになります。

そして、大切なことは「ゲーム練習を好きになる」ことです。一生懸命に試合をして、負けて悔しがって、それでも試合をやりたがる選手は強くなります。五輪メダリストの石川佳純選手（左写真）も、小さい頃からとにかくゲーム練習

が大好きだったそうです。

日頃のゲーム練習を楽しんでプレーし、そして試合が好きになれば、本番でも力を発揮できる選手になれるはずです。負けた時にいつまでもクヨクヨするのではなく、どうして負けたのか、どうすれば次は勝てるのかを考えて、積極的にゲームにチャレンジしてください！

くやしーーーい　からの　もう1回お願い

練習メニューを作ろう!

メニュー作りは基本と実戦のバランスが大切だ!

卓球は練習すべきテクニックがたくさんありますが、普段の練習でどんな練習をどれくらいすれば良いのかわからない人は多くいると思います。ここでは、強くなる練習メニューについて学んでいきましょう。

練習メニューを組むうえで大切なのが、基本的な練習と実戦的な練習のバランスです。【基本練習】【システム練習】【ゲーム練

↗

1日(120分)の練習メニューの例

基本練習　　　　　(45分)

① フォア打ち　　(5分)
フォアハンド対フォアハンドのラリー

② バック打ち　　(5分)
バックハンド対バックハンドのラリー

③ ツッツキ　　(5分)
両ハンドでのツッツキのラリー（コースは自由）

**④ フットワーク&
切り替え練習**（30分）
フットワーク練習、切り替え練習を
相手と交代で行う（1人7分半×2パターン）

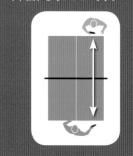

クロスのラリーばかりにならず、曜日によってコースを変えるのも良いでしょう。フォアハンド対バックハンドでストレートのラリーをする方法（下図）もオススメです。

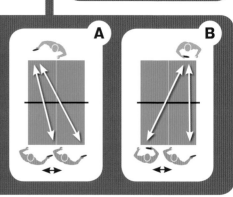

フットワーク&切り替え練習もいくつかの練習法があるので、同じメニューばかりにせず、いろいろとやりましょう。右は最も基本的な練習で、フォアハンドの2点フットワーク（A）と、フォアとバックの1本1本の切り替え練習です（その他のメニューは、p.48〜52ページを参照）。

習】の3つの柱に分けて、それぞれの練習時間を入れることがポイントとなります。

　基本練習というのは、1種類の回転に対して打球する基礎的な練習を指します。ここではフットワーク練習や切り替え練習も基本練習に含めます。

　システム練習は、対下回転と対上回転の打法を混ぜた、より実戦に近い連係プレー

のメニューです。サービスからの3球目攻撃、レシーブからの4球目攻撃も含みます。

　そしてゲーム練習は、前述した試合形式の練習メニューです。

　この3つをどれかに偏りすぎることなく、バランス良く組み合わせればOK。下の例を参考にして、チームの練習メニューを作ってみましょう。

休憩	（5分）

システム練習　　　　　　　　　　（45分）

⑤ツッツキからのフォアドライブ　（15分）
下図の練習を1人7分半で交代

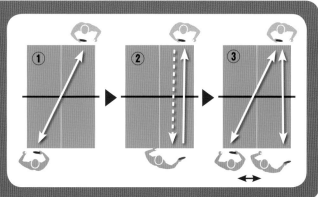

バックツッツキでラリーをして（①）、何球か続いたら突然ストレートにツッツキを送ってもらい、それをフォアドライブで返球（②）。そこからフォアとバックの切り替え練習に移る（③）。ミスしたら、再び①からスタート。

⑥サービスからの3球目攻撃　（15分）
試合で使う3球目攻撃のパターンを練習（1人7分半で交代）

⑦レシーブからの4球目攻撃　（15分）
試合で使う4球目攻撃のパターンを練習（1人7分半で交代）

> 3球目＆4球目攻撃については、レッスン7・レッスン8で復習しよう！

> ゲーム練習は必ず入れましょう！

休憩	（5分）

ゲーム練習　　　　　　　　　　　（20分）

大会に近いかどうかでもメニューは変わる
レベルや課題に合わせて、練習内容を変えていこう！

練習メニューのバランス（時間配分）は、時期によって変えます。大会に近い期間は実戦的な力をつけたいので、システム練習やゲーム練習を増やし、逆に大会後に技術力を高めたいのであれば基本練習をたくさん行ったほうが良いでしょう。

選手のレベルや課題によってもメニューのアレンジが必要です。初級者であればコースを決めて行う規則的な練習がメインになりますが、中・上級者はコースを不規則にして行うランダム練習も取り入れます。

前ページのメニュー例には入っていませんが、サービス練習、多球練習での下回転に対するドライブ練習、ツッツキ以外の台

上テクニックなども重要なので、曜日によってこれらも組み込めると良いでしょう。

どんな練習をすれば強くなるのか、試合で勝つために何が必要なのかを考えながら、より良いメニューを作ってください！

試合と同じ緊張感で練習すれば、上達スピードUP！

練習で非常に大切なのが、「試合と同じ気持ちでプレーする」ことです。

練習でも試合と同じくらいの緊張感を持ち、ミスをしたら反省し、1球1球全力でプレーをすれば、上達のスピードは格段にアップします。そして、日頃から緊張感を持って練習する人は、本番でも練習

と同じプレーができるようになります。

逆に「試合じゃないから、ミスしても平気」という感覚で練習している人は、技術的に上達したとしても、試合で勝てる選手にはなれません。いわゆる「練習のための練習」にならないよう、緊張感を持って練習しましょう！

ミスしても
練習だから
気にしな　no problem　い

こんな
態度では
上達
できません！

キヌコ先生の特別レッスン②

「戦術」ってナニ？

試合では、相手に合わせて戦い方を変えることが大切だ

卓球は「相手」がいるスポーツなので、ただ何となくボールを打ち返しているだけでは、試合で勝てません。相手のプレーをしっかり観察して、「どんなサービスだと得点しやすいのか」「相手は何が苦手なのか」「どのコースが効いているのか」などを試合中に分析し、それに合わせてプレーを変えることが大切です。これは「戦術」と言い、試合で勝つために非常に重要な要素です。

基本技術を身につけた人は、それらの技術が試合で得点につながるように、戦術も意識しながらプレーしてください。

頭を使った**頭脳**プレー

頭は使わず**漠然**とプレー

頭を使ってプレーするかどうかが試合の勝ち負けを大きく左右します！

基本的な戦術を覚えて、それを実戦で使うところから始めよう

ただし初級者にとっては、相手のプレーを分析しながら戦うというのは、簡単ではありません。最初はどこに注目すれば良いかもわからないと思います。

そこで、基本となる戦術のセオリー（定石）を覚えておき、それを使ってみるところからスタートしましょう。

次ページから、「基本のABC戦術」を学びましょう！

戦術ビギナーでもカンタン！3つのパターンで戦う

キヌコ流 ▶ 基本のABC戦術！

戦術の基本は、自分の「サービス＆3球目攻撃」

戦術を考えるうえでまず大事なのは、自分のサービス＆3球目攻撃です。「どんなサービスを出せば3球目攻撃につながり、得点しやすいのか」が戦術の柱となります。

ここでは3つのパターンで戦う、初級者向けのシンプルな戦術を紹介します。これを覚えれば、どのような相手にも対応できるので、実戦で活用してみてください。

当然ながら戦術を使いこなすためには技術も大切です。ミスが多いパターンは、繰り返し技術練習をしましょう。

「3球目攻撃」でミスが出たら
レッスン7で復習！

→ S T A R T

A 作戦 ≫ バックへ長いサービス

まずはここからスタート。相手の長いレシーブを狙い打て！

最初は相手のバックサイドに長めのサービスを出して、相手の長いレシーブを3球目攻撃で狙っていくパターンからスタート。サービスは下回転でも上回転でもOKなので、自分が得意なパターンで戦います。試合の序盤は、様子見はせずに自分から積極的に点を取りにいく姿勢が大切です。サービスもアグレッシブにロングサービスで勝負しましょう！

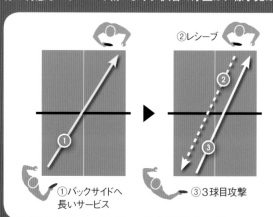

②レシーブ

①バックサイドへ
長いサービス

③3球目攻撃

相手に
慣れられたら
Bへ➡

B 作戦 》 左右にコースを散らして、相手の待ちを外すべし!

両サイドへ長いサービス

バックへの長いサービスに相手が慣れてきたら、次はフォア側へのサービスも追加。基本的には、2本のサービスのうち1本ずつ両サイドに出し分けます。コースを散らすことで相手はレシーブ強打ができなくなるので、同様に3球目を狙いましょう。

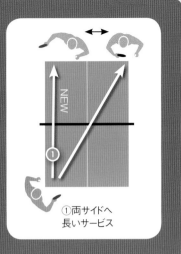

①両サイドへ
長いサービス

相手に慣れられたらCへ

C 作戦 》 前後の動きも追加して相手のレシーブを崩そう!

フォア前への短いサービスをプラス

相手がB作戦にも対応し始めたら、フォア前へのサービスも混ぜて、相手を前後に揺さぶります。3つのコースを使い分けていく中で、どこが苦手なのかもわかってくるので、C作戦を継続しつつ、相手の弱点を突いていきましょう。

①両サイドへ長く&
フォア前にサービス

次はC作戦で
いくわよ!

以上の3つのパターンを覚えるだけです。これならば、頭を使うプレーが苦手な人でも最低限の戦術は使えるようになります! これらに加えて、ミドルへのサービスを混ぜるとさらに戦い方の幅が広がります。

←「A・B・C」と名前をつけておくと、ベンチコーチで指示する時も便利(写真は2018年全国ホープス大会)

知っておけばラクに戦える　対シェーク　対ペン　対サウスポー

タイプ別の基本戦術

相手のタイプがわかったら、試合に入る前に頭の中で戦術チェック!

卓球には様々な戦型があり、それぞれに適した基本戦術があります。あらかじめセオリーを知っておけば、試合に入る前に戦術を整理しておくことができ、落ち着いて戦えます。以下の3つの基本戦術も覚えておきましょう。

SHAKE

ミドル攻め!

苦しい!

タイプ別の基本戦術①

対シェークはミドルを狙え!

一般的なシェークドライブ型と対戦する時に大切なのが「ミドルへのコース取り」。相手にとってはフォアハンドで打つか、バックハンドで打つのか迷うポイントなので、ミドルを突くことで相手の強打を防いだり、体勢を崩すことができます。

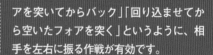

PEN

タイプ別の基本戦術②

対ペンは左右にゆさぶれ!

相手がペンの場合は、両サイドにコースを散らします。ペンの選手はバックを苦手とする選手が比較的多いので、「フォアを突いてからバック」「回り込ませてから空いたフォアを突く」というように、相手を左右に振る作戦が有効です。

タイプ別の基本戦術③

対サウスポーは"C作戦"で前後に動かせ!

相手が左利きの場合に有効なのは、前ページで紹介した「C作戦」。両サイドへの長いサービス、相手のフォア前(サーバーから見て右側)への短いサービスを混ぜて前後に動かします。左利きの選手はバックサイド寄りに構えることが多いので、フォア前が効くのです。

卓球 おもしろエピソード

日本、世界デビューから一気に黄金期へ

1952
in Bombay

「スポンジ」を使用した佐藤博治が、ブロックと高速スマッシュによって、日本初の世界チャンピオンに輝いた

初参戦の世界戦で王者誕生、1950年代は日本の黄金期

　日本が初めて世界卓球に参加したのは1952年、インドのボンベイ（現・ムンバイ）大会だ。この世界デビュー戦で、日本勢は男子シングルスの佐藤博治を筆頭に、4つの金メダルを獲得した。そして54・56年に荻村伊智朗、55・57年に田中利明が男子シングルスを制し、56年の大川とみ、57年の江口冨士枝、59年の松﨑キミ代と女子も立て続けに世界チャンピオンが誕生するなど、1950年代に日本は黄金期を築く。

　その陰には、日本が独自に開発したラバーの存在もあった。当時は「一枚ラバー」の時代だったが、日本では「スポンジ」（スポンジのみのラバー）「表ソフト」「裏ソフト」などの"特殊ラバー"が開発されたのだ。1959年7月から「スポンジ」は禁止、また厚さ4mmを超えるラバーは禁止となり、そのルールは現在まで続いている。そして60年代に入ると、中国が表ソフト速攻で台頭し、日本とライバル関係を築いていく。

世界卓球で通算12個の金メダルを獲得した荻村伊智朗

151

半年で
"試合で勝つ"技術を
マスター！

新たな"戦型"
に挑戦！
〈カット型＆異質型〉

様々なプレースタイル、「戦型」を楽
しめるのも卓球の魅力のひとつ。技術
編の最終回はカット型と異質型が覚
えておきたいテクニックを学ぼう！

LESSON
12

基本を覚えたら
戦型の変更もアリ!

　基本技術を覚えて、自分は何が得意で、どんな特徴があるのかわかってきたら、今のプレースタイルで上達していくのもOKですが、自分の個性を生かすために用具や戦型をチェンジしてみる道もあります。

　たとえば、台から離れてカット（詳しくはp.154〜157）での守りを中心に戦う「カット型」は、特徴的な戦型のひとつ。広い守備範囲と安定性が求められるので、背が高い選手や丁寧に返球する人にオススメです。

　またバック面に表ソフトや粒高ラバーを貼る「異質型」もメジャーな戦型です。テンポの早いラリーが得意な選手は表ソフトでの前陣速攻スタイルが合うでしょうし、回転の変化を利用したプレーが武器になるので、"変化球"で相手を翻弄したい人は変化が出やすい表ソフトや粒高を使ってみましょう。

　同様にペンの選手も表ソフトでのスマッシュを武器に戦う「ペン表速攻型」、粒高を貼り変化プレーでミスを誘う「ペン粒高攻守型」などがあります。

　新たな戦型にチャレンジし、自分ならではの新スタイルを切り開いていきましょう！

＼＼ 長身＆安定性重視の ／／
【カット型】

自分が「どんな選手になりたいのか？」も大切。お手本となる選手を見つけて、マネをするのもオススメです！

＼＼ 速攻＆変化が武器の ／／
【異質型】

①　②　③　④

ボールに合わせて足を出す！

左足前のスタンス

カット型

相手の攻撃を返球するカット型の基本テクニック

フォアカット

台から離れて、上から下にスイングして下回転をかける

カット型の必須技術がフォアカット。フォア側に来る上回転のボール（ドライブ）に対して、上から下にラケットを振り下ろし、ボールに下回転をかけて返球します。基本的には台から離れて、中〜後陣で使う技術です。

カットを覚えるうえで重要なのがツッツキ。カット型のツッツキは、打球点を落として、台の外でボールをとらえます。まずはツッツキを安定してできるようになってから、同じイメージでカットに移ると良いでしょう。

フォアツッツキ

①　②　③

攻撃型のツッツキと違い、ボールを引きつけて打球します

キヌコ先生直伝！上達のツボ

手首がフラフラはNG！打球面を安定させるべし！

カット型がツッツキやカットをする時に特に気をつけたいのが、手首を安定させて、打球面をふらつかせないことです。打球面の安定性がないとコントロールが難しくなり、ミスも出やすくなってしまいます。また、打球前にボールの位置に足を運び、打球後はすばやく戻るなど、フットワークや戻りの意識も、カットを安定させるためには欠かせません。

まずは多球練習で基本のスイングを覚えたら、カット対ドライブのラリーで20往復を目標に頑張ってみましょう！

⑤

⑥ ラケットは
耳の高さ

⑦

⑧ ボールを
引きつけ
ななめ下に
スイング!

⑨

⑩

⑪

⑫ 打球後は
すばやく
戻る

注意 バックスイングはだいたい
「耳の高さ」。基本姿勢
の時からラケットを高めにキープ
して構えておきましょう

注意 カットも「手打ち」はダ
メ。右足から左足への体
重移動を使いましょう。また右
足前の「逆足」にならないよう
に注意

ボールが来る位置に足を
運ぶことも大切。連続写
真③を見ると、しっかり
と右足が出ています!

155

バックカット

カット型

バック側のドライブを返球する基本テクニック

バックカット

右足前のスタンスが基本。まずはミスなく返すことを目標に

フォアカットと同様にカット型が必ず身につけるべき技術がバックカットです。

まず重要なのがスタンスで、バックカットは右足前の姿勢で打球します。左足前になったり、平行足での打球にならないよう注意しましょう。ボールが来たら、耳の高さまでラケットを引いてバックスイング。しっかりとボールを引きつけたら、ななめ下にスイングしてボールに下回転をかけます。ボールが来る前に打ちに行って、ラケットを前に押し出すスイングにならないよう気をつけてください。

フォアカットもバックカットも最初は強く回転をかけなくてOK。相手のドライブの威力を吸収するイメージで打球し、ゆっくりとボールを飛ばしましょう。まずはミスなく返球することが大切です。

バックツッツキ

フォアと同じくバックツッツキもしっかりとボールを引きつけましょう

変化が大事！

ワンポイント・アドバイス

バック面は表ソフト＆粒高で変化をつけよう！

カット型はフォア面に裏ソフト、バック面に表ソフトや粒高ラバーを貼る人が多くいます。フォアとバックでラバーを変えたほうが、それぞれの打球で回転の違いが出て、相手のミスを誘うことができるからです。自分から変化をつけたい人は表ソフト、カットの安定性を重視する人は粒高がオススメです。

⑤ ⑥ ⑦ ⑧

ボールの
引きつけ
GOOD！

⑨ ⑩ ⑪

体全体で
切り下ろす！

注意 手だけのスイングにならず、左足から
右足への体重移動も使いましょう。
体全体で下に切り下ろすイメージです

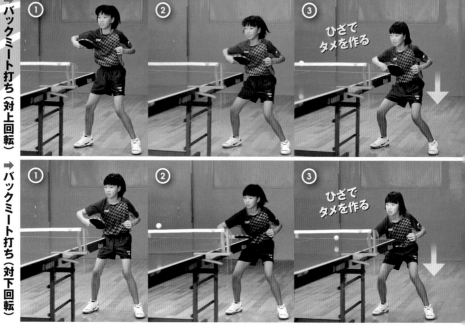

① ② ③ ひざで
タメを作る

① ② ③ ひざで
タメを作る

異質型

表ソフトの特徴を生かしたナックル性の攻撃テクニック

表ソフトの ミート打ち

こするのではなく弾いて前に飛ばす

表ソフトを貼る選手にオススメの攻撃テクニックが
ミート打ちです。表ソフトはこすって回転をかけるドラ
イブ打法よりも、ボールを弾くようにとらえるミート打
ちに適するラバーで、しかも表ソフトの打球はナックル
（無回転）になって飛んでいくので、相手としては非常
に取りづらく、高い効果を発揮します。

裏ソフトのドライブ

こする！

表ソフトのミート打ち

弾く！

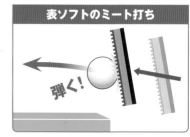

バック表ソフトのミート打ちを
得意とする伊藤美誠選手。
異質型の特徴を生かした
多彩なプレーが彼女の武器だ

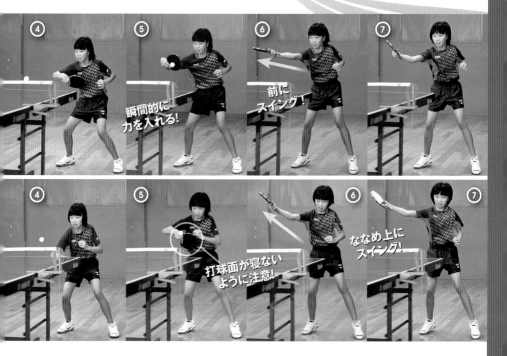

④ ⑤ 瞬間的に力を入れる！ ⑥ 前にスイング！ ⑦

④ ⑤ 打球面が寝ないように注意！ ⑥ ななめ上にスイング！ ⑦

キヌコ先生直伝！上達のツボ

コンパクトなスイングで瞬間的に力を入れる！

基本打法のバックハンドをベースにしつつ、より強いスイングで前方に弾いて飛ばすのがミート打ちです。

ミート打ちを安定させるためにはスイングを大きくしすぎないことが重要。コンパクトなスイングを心がけましょう。打つ直前まで腕はリラックスさせておき、瞬間的に力を加えるイメージで打球します。またバックスイングの時に軽くひざを曲げて、タメを作ることも打球を安定させるポイントになります。

下回転に対してのミート打ちは少しだけ上方向のスイングになります。ドライブのように打球面を被せてしまう（下に向ける）とネットミスになるので、打球面を前方に向けておくよう気をつけてください。

ひざでタメを作る！

異質スタイルが苦手な初級者のための

対カット&異質戦術

ドライブ型とばかり練習している人にとっては、カット型や異質型と対戦するのはイヤなものです。それらの戦型を苦手にする人はたくさんいるので、カット型と異質型に対する基本戦術、攻略法を紹介しましょう。

対カット型の戦術

対カットは前後のゆさぶり&ミドル攻め！

カット攻略の基本となるのは、「前後のゆさぶり」です。カット型は中〜後陣のカットと、前陣のツッツキが基本のプレーとなるので、こちらはドライブとツッツキを混ぜて、相手を前後に動かすことが重要。そうすることで相手のミスを誘うことができます。

もうひとつはカット型の弱点、「ミドルを突く」戦術です。特にサービスとドライブでミドルを積極的に狙い、相手の体勢を崩しましょう。

ツッツキ　　カット

前後に
ゆさぶれ！

対異質型の戦術

対異質は緩急の変化でリズムを崩す！

異質型の攻略は、「緩急の変化」と「強い回転」がポイントです。テンポの早いラリーが得意な選手に対して、あえてゆっくりなボールを送ってプレーのリズムを崩すのです。

また異質型の選手は強い回転に対する処理を苦手とするケースも多いので、ループドライブや切れたツッツキなどしっかりと回転をかけた技術を使うのも効果的です。

●苦手な戦型とたくさん練習をして慣れよう！

苦手な戦型を克服するには、その戦型とたくさん練習することが一番です。苦手だからと言って練習を避けるのではなく、自分から積極的に相手をする機会を作って、慣れていきましょう。そういう意味ではチーム内に様々な戦型がいることは大きなメリットになります。興味がある人は新たな戦型に挑戦してください！

キヌコ先生からのラストアドバイス

自分の長所を伸ばして「必殺技」を作ろう！

試合で勝つ選手になるために大切なのは、自分の特徴を出す、自分の武器を作るということです。他の人と同じようなプレーをしていては、なかなか試合で勝つことはできません。基本をしっかりと練習したうえで、自分はどんな技術が得意かを分析し、特徴＆長所を伸ばすことが勝利への近道となります。

今回のテーマにあるように、用具や戦型を変えてプレーに特徴を持たせるのもそのひとつでしょう。現在は両面裏ソフトのシェークドライブ型が王道だからこそ、表ソフトや粒高を使ったプレーが効果を発揮し、カット型などの守備型のスタイルも勝機が生まれます。

そして長所を伸ばしながら、自分の武器を作ってください。「必殺技」と言えるような技術があれば、試合はだいぶ有利になります。逆に言えば、武器がない選手、つまり自分がどうやって得点したいのかわかっていない選手は、ここぞという大事な場面で勝つことはできません。

苦手な技術の克服も必要ですが、それ以上に大切なのは、自分の好きな技術、得意な技術を伸ばすこと。そうすれば、必ず試合に強い選手になり、今以上に卓球が楽しくなっていくはずです。ぜひ頑張ってください！

自分の長所、用具の特徴を武器にして、勝てる選手を目指しましょう！

キホンのタッキュー語 講座 Vol.06

Umpire
審判員（主審・副審・審判長）

副審

審判長

主審

1台を主審と副審で審判。大会全体を見る審判長

　卓球の正式なルールでは、各マッチ（試合）には、「主審」と「副審」という2名の審判員がつく。各ラリーがポイントかレットかの判定は、主審が権限を持つが、サービスがOKかどうかは、主審と副審が同等の権限を持って判定する。一般に、カウント器（得点板）は副審が操作する。そして大会には1名の「審判長」がいる。審判長は、服装・用具・競技条件などのルール解釈について決定するなど、競技の統括者としての役割がある。

　実際には、地域の大会などでは各マッチごとに専任の主審・副審を用意することが難しいため、参加選手が審判員を務めるケースも多くある。1台を1名のみで審判をすることも多いだろう。「相互審判制」や「敗者審判」などの方式が取られる場合もある（下記参照）。

＋αのタッキュー語集

【相互審判制】
公認審判員がいない地方の大会などで、選手が審判員を務める場合によく使われる形式（通称）。団体戦で、1マッチごとに、両チームのメンバーから交互に1人ずつ審判員を出す方法

【敗者審判制】
個人戦のトーナメント戦で、選手が審判員を務める場合によく使われる形式（通称）。負けた選手が、同じコートで行われる次の試合の審判員を務める方法

【公認審判員】
全日本選手権や国体などの主要国内大会で、主審を務めることができる資格を持った審判員。日本卓球協会に登録した、中学を卒業している人が、各都道府県の協会・連盟が実施する資格試験を受けられる

卓球 おもしろエピソード

その7

世界の表舞台に粒高ラバーが初登場

1963
in Praha

中国の"秘密兵器"に日本選手は面食らう

　1963年世界卓球プラハ大会で、中国の張燮林（チャン・シエリン）が男子団体で活躍し、ダブルスでも優勝。張燮林や中国女子・林慧卿（リン・ホイチン）のラバーは、長らく「一枚ラバー」と思われていたが、実際には「粒高ラバー」だった。世界の表舞台で、粒高ラバーが初登場したのが、この時だったのだ。しかし当時は試合前に用具を相手に見せる必要はなかったため、初めて対戦した日本選手は、ラバーの性質がわからず驚いたという。

従来の
「一枚ラバー」

粒が細長い
「粒高ラバー」

　また1975年の世界卓球では、ペンホルダーで粒高ラバーを使う、ブロック＋カット型の葛新愛（ゲ・シンアイ）（中国）が、団体優勝に貢献（79年にはシングルスでも優勝）。この時ようやく、その「粒高ラバー」の正体や性質が明らかになり、翌年に日本でも発売されるようになった。

　60年代に中国卓球が世界の頂点へ上りつめていったが、そこには日本卓球への対抗策があった。ドライブの日本卓球に対し、速攻で対抗し、球離れの早い「表ソフトラバー」を使用した。ドライブ封じの「粒高ラバー」も、"対日本"の秘密兵器だったのだ。

勝つか負けるかドッキドキ！卓球は試合が楽しい！

「試合」をしてみよう！

「ルール編」として、まずは初級者のために、試合をするうえで最低限知っておきたいルールを紹介しよう。いつの日か出場する「大会」に備えて、正しいルールを覚えておこう！

＼ コレだけは覚えておきたい ／ 超基本のルール（試合の）

01 0対0からスタートして、先に11点を取ったら勝ち！

卓球の試合は先に11点を取ったら勝ちとなる「11点制」。0対0からスタートして、1回のラリーで1点ずつ得点が入る。

練習の中では、短時間でたくさんの試合をするために「5点制」にするなど、特殊なルールで試合をやることもある。

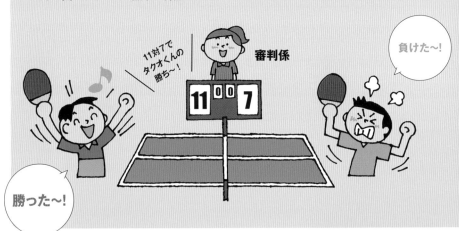

11対7でタクオくんの勝ち～！

審判係

11 0 0 7

負けた～！

勝った～！

●あると便利な得点板（スコアボード）

練習中の試合で点数を数える時は、審判がいないことが多いので、お互いに声に出して数えるのが一般的。もし、審判係がいる時は得点板（スコアボード、カウンターとも言う）を使えると良い。得点板は大小2つずつの数字があり、大きいほうがラリーごとに得点が入る「ポイント」。中央の小さいほうは「ゲーム数」を表す。

10 0 1 9

上写真の場合は、ゲームカウント【0-1】となった第2ゲーム、【10-9】で左の選手があと1点でゲームを奪う状況

02 まずはジャンケンで「サービス」「レシーブ」を決める。サービスは2本ごとに交代

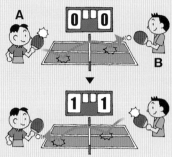

試合では、最初に相手とジャンケンをして、どちらから先にサービスを出すのかを決める。サービスは「2本交代」で、2点ごとにサービスを出す選手が変わる。

●公式大会用の詳しいルール
ジャンケンをして勝った選手は、①サービスで始める、②レシーブで始める、③試合開始時に台のどちら側（エンド）に立つかを決める、の3つから選べる。「ジャンケンで勝った人が必ずサービスを出す」わけではない

【0-0】でAがサービス。【1-1】になったら次はBがサービス、というように2本ずつで交代していく

03 10-10になった時は『ジュース』。2点差がつくまで、試合は終わらない！

こんな点数でもまだ終われません……

得点が【10-10】になった時は、通称「ジュース」といって、2点差がつくまで試合が続く。サービスも2本交代ではなく、1本交代となる。

04 公式の試合は5ゲームズマッチが基本 先に3ゲームを取ったほうが勝者だ！

卓球は1ゲーム11点制で、大会などでは3ゲーム取ったほうが勝ちという「5ゲームズマッチ」で行われることが多い。

各ゲームが終わるごとにエンド（コート）を交代し、またゲーム開始時のサービスの選手も交代（第1ゲームはA選手からサービスならば、第2ゲームは相手のB選手からサービスとなる）

また最終ゲーム（5ゲームズマッチの第5ゲーム）では、どちらかの選手が5点を取ったら、「チェンジエンド」で立ち位置（コート）が交代となる。

●点数の数え方は「英語」！

点数は英語で数えるのが基本。「0」は「ゼロ」ではなく「ラブ」と言い、同点の場合は「オール」という言葉を使う。【3-3】ならば「スリー・オール」だ。また、次にサービスを出す側の点数から言うのが一般的で、右図の場合、右の選手がサービスならば「ファイブ・ラブ」となる。

English!!

ラブ・ファイブ！

165

サービスの基本の出し方はp.40〜41でも紹介したが、ここでは試合で守るべきサービスの

構えは

ボールを手のひらの上

サービスを出す時は、フリーハンド（ラケットを握っていないほうの手）の「手のひら」の上にボールを置き、いったん静止させます。

ボールは常にエンドラインより後ろ、台の面より上

↑台の面

エンドライン

16cm以上トス、落下中に打つ

続いて、手のひらの上のボールを回転させることなく、真上に16cm以上トス。トスしたボールが落ちてくる途中で、台の面より高い位置で打球します。自分のコートに1回、相手コートに1回バウンドさせればサービス成功！

トスの目安は"ネットの高さ以上"

トスの高さの「16cm以上」は、ネットの高さ（15.25cm）以上が目安となる

16cm

15.25cm

サービスのルール

正式ルールを紹介する。ビギナーの段階から、正しいサービスの出し方を知っておこう!

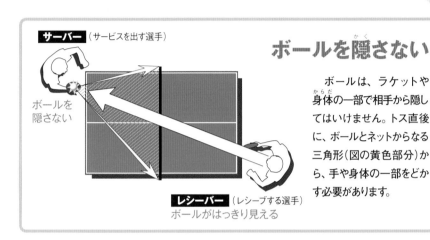

サーバー（サービスを出す選手）

ボールを
隠さない

レシーバー（レシーブする選手）
ボールがはっきり見える

ボールを隠さない

　ボールは、ラケットや身体（からだ）の一部で相手から隠してはいけません。トス直後に、ボールとネットからなる三角形（図の黄色部分）から、手や身体の一部をどかす必要があります。

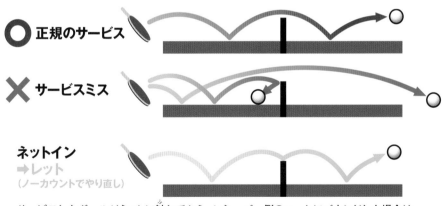

⚫ **正規のサービス**

❌ **サービスミス**

ネットイン
➡レット
（ノーカウントでやり直し）

サービスしたボールがネットに触（ふ）れてから、レシーバー側のコートにバウンドした場合は、「レット」、つまりノーカウントでやり直し

サーバー　　　レット　　　**レシーバー**

←ネットに触れてから、直接レシーバーのラケットに当たった場合、それが台の中ならレット（左図）。台の外で当たった場合はサービスミス

リターン（返球）

ラリー中のリターン（返球）に関するルールをまとめてみました。

もし 相手コートに入れば

⬆ネットイン、つまりボールがネットに触れてから相手コートに入った（サービスでのネットインはレット＝ノーカウントでやり直し）

⬆ラケットを別の手に持ち替えて打った（両手持ちもOK）

OK!

⬆ラケットを持つ手の手首から先（＝ラケットハンド）にボールが当たった

に関するルール

まずは「正規のリターン」、つまり返球成功として、ラリーが続くケースです。

正規のリターンになる場合

ラリー続行

ビッグチャ〜〜〜ンス!

➡相手のコートのほう
へ行って返球(ただし
相手のプレーを邪魔し
ない場合)

⬆ボールがサポート(ネットを張る金属製の
支柱)の外を通って入った

⬆フェンスを跳び越えて返球

169

リターン（返球）に関するルール

たとえ相手コートに入っても

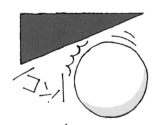

←ボールが天井や照明器具などに当たった

↑手から離れたラケットにボールが当たった

↑ペンラケットの裏面など、ラバーを貼っていない木面で打球

↑ラリー中に「フリーハンド」（ラケットを持っていないほうの手首から先）が台に触れる。フリーハンド以外なら体が台に触れても、台が動かなければOK

相手コートに入ったとしても、リターン失敗、つまり相手の得点になるケースを集めました。

リターン失敗になる場合

相手の得点

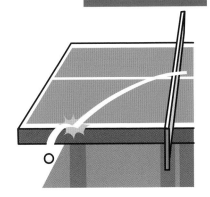

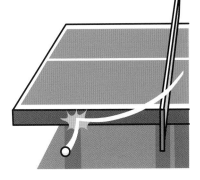

エッジに当たった→
 正規のリターン

⬆「エッジボール」、つまりボールがエッジ（台のふち）に当たった場合は、正規のリターン（ラリー続行）となる

サイドに当たった→
✕ リターン失敗

⬆ボールが「サイド」（台の側面）に当たった場合は、相手の得点になる

⬆ボールが体や衣服（ラケットハンドの手首から先以外）に触れた

⬆ラケット、体、衣服などが「ネットアセンブリ」（ネット、サポート、つりひも）に触れた

ダブルスのルール

2人対2人で対戦する「ダブルス」。打球順番のルールは、最初はわかりにくいかもしれないが、やりながら覚えていこう！

サービスは右半面→右半面

サービスは、サーバー側コートの右半面にボールをバウンドさせ、続いてレシーバー側コートの右半面にバウンドさせます。サービス以外は、どのコースに打ってもOK。

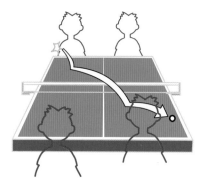

ペアの2人が交互に打つ

ペアを組んだ2人が交互に打ちます。たとえば【ABペア】対【XYペア】の対戦で、「A→X→B→Y→A→……」という順番で打球していきます。2本ごとのサービス交替時には、直前にレシーブしていた選手がサービスを出すことになりますが、打球の順番は変わりません（下図）。

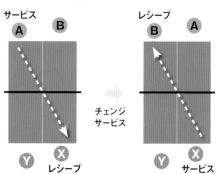

ゲームごとに打球順番が変更

ゲームごとに、打球の順番が変わります。第1ゲームに「A→X→B→Y……」の打球順番だった場合、第2ゲームは「X→A→Y→B……」の順に。第3・5ゲームは第1ゲームと同様。第4ゲームは第2ゲームと同様。ただし、第5（最終）ゲームでは、どちらかの組が5点に達した時点でチェンジエンドしますが、そのタイミングでも打球順番を変更します（第2ゲームと同様に変わる）。

↑打球の順番に間違いが見つかった場合は、ただちにレット（ノーカウントでやり直し）となり、正しい順番に戻してプレーを再開。それまでの得点はすべて有効となる

卓球 おもしろエピソード

その8

アンチラバーの猛威。両面同色が禁止へ

1983 in Tokyo

同色のアンチと裏ソフトを貼り、クルクルと反転させながら出す蔡振華のサービスに、対戦相手は困惑

アンチと裏ソフト、同色ラバーの反転で相手を混乱

　見た目は裏ソフトラバーと同じだが、表面が滑り、回転が極端にかからない「アンチトップスピンラバー」。1960年代後半に高性能な「高弾性高摩擦裏ソフトラバー」が誕生し、パワードライブの時代に入ったことで、その対抗手段として1970年頃に誕生した用具だ。

　80年代に入るとアンチ使用選手が世界的に活躍、中国の若手・蔡振華もそのひとりだった。1983年世界卓球 東京大会では、蔡振華らの活躍で、中国男子は団体決勝でスウェーデンを破って優勝。蔡はシングルスでも81年大会に続いて準優勝となった。

　当時は両面のラバーは同色でOK。両面異質のラバーで反転すると、どちらの面で打球したか対戦相手にも観客にもわかりづらかったため、その大会後からルールが変更された。

　まず、両面のラバーは異色とすることに変更。そして、極端なボディーハイド・サービスも同時に禁止となった。ボディーハイドとは、サービスを出す時に、ボールやラケットを腕や身体で隠して、相手に回転をわかりにくくさせること。これらのルール変更により、アンチを使った異質反転選手は効力を大きく失って、激減することになった。

反転を利用したサービスと強烈なドライブで活躍した蔡振華

173

体のケア
＆トレーニング

技術をマスターするだけでは、卓球の試合で勝つことはできない。
ビギナーからトップ選手まで、体をケアし、鍛えることも、勝利の条件となるのだ！

水分補給のポイント

- のどが乾く前に飲む
- 少量ずつこまめに飲む
- 少し冷たいくらいが適温

水を飲んでから体に吸収されるまでには、時間がかかる。だから、のどが乾いてから飲んでも遅いのだ。一気にたくさんではなく、運動中は15分おきくらいに200ml程度の水分を補給しよう。

5〜15℃くらいの「少し冷たい」と感じるくらいのものが、スムーズに腸に届くと言われている。水、お茶、スポーツドリンクなどがあるが、スポーツドリンクは糖分が多く含まれるので、あまり大量に飲まないよう注意。

試合前の食事のポイント

試合前日	
バランスの良い食事	
食べ慣れているものを	
脂質の多いものは避ける	

試合当日	
主食をしっかり摂る	
生ものは控えめに	
試合の3〜4時間前にすませる	

日頃からなるべくバランスの良い食事を心がけよう。そして試合前日は緊張から胃腸の消化・吸収力が落ちてしまいがち。ふだん食べ慣れた、消化の良いものを食べよう。試合当日の朝食も、気をつけるポイントは前日と基本的に同じだが、特に主食をしっかり摂ること、試合開始時刻の3〜4時間前にはすませておくことなどを心がけよう。

ストレッチ

筋肉を良好な状態に保つために、筋肉を伸ばす「ストレッチ」は重要。練習前は、体を柔軟にし、関節可動域を広げたり、筋肉を暖めたりすることが目的だ。また練習後は、収縮して硬くなった筋肉を元の状態に戻すのが目的。練習の前後に行うのが望ましいが、時間的に難しければ、練習後のストレッチを優先しよう。

様々なトレーニング

打球の威力や安定性をアップさせたり、持久力をつけるために、トレーニングは欠かせない。
詳しくは専門書や、信頼できるインターネットのサイトなどを参考にして行おう。

筋力トレーニング

筋力をアップして、打球の威力を増したり、より速い動きをするためのもの。よく行われるのは「腕立て伏せ」「スクワット」「腹筋（ふっきん）」「背筋（はいきん）」など、自分の体の重さを利用した「自重（じじゅう）トレーニング」だ。他にも、器具を使う本格的なものがある。

ただし、あまりきついトレーニングはケガに繋（つな）がるなどマイナス面もある。特に中学生以下は、ウエイトトレーニングは控えたほうが良いと言われる。

多球練習は、技術を覚えられるだけでなく、体力トレーニングにもなる。「少しきつい」くらいのテンポで送球してもらって動いて打つメニューは、体力強化に有効だ

ランニング

誰でも取り組みやすいトレーニングが「ランニング」。短距離を連続して走ると、瞬発力や心肺機能（しんぱい）を高めることができ、ダッシュとストップを繰り返す卓球には欠かせない。また長距離を走れば、持久力をつけられる。1日に何試合も続く大会では、持久力がものを言う。ランニングは練習前のウォーミングアップとしても有効だ。

体幹トレーニング

近年、卓球界でも広く取り入れられているトレーニングが「体幹（たいかん）トレーニング」。体幹（胴体）を支える筋肉を鍛えることで、プレー中に体勢が崩れにくくなる。

プランク（フロントブリッジ）

腹筋群を鍛える体幹トレーニングとしてメジャーなのが「プランク」。イラストのように、前腕とひじ、つま先で体全体を支える。頭から足までが一直線になるように注意。ひじは肩の真下に置いて、上腕（ひじから上）が床と垂直になるように

頭から足まで一直線に!

175

よーいドン！卓球

卓球王国DVD
よーいドン！卓球
ビギナーが楽しく上達する卓球DVD

Let's PingPong!!

前編 基本技術 をマスター！
後編 試合で勝つ技術 をマスター！

監修：偉関絹子

DVDも発売中!!

本書［技術編］と完全連動！

■収録時間：約55分
■¥2,500＋税
■監修：偉関絹子

※DVDは書店での取り扱いはありません

収録内容

LESSON1	基本打法でラリーを続けよう！
LESSON2	フットワークを使ってラリーをしよう！
LESSON3	「回転」を学ぼう！
LESSON4	試合で使う実戦サービスをマスター！
LESSON5	レシーブ＆台上技術を覚えよう！
LESSON6	連係プレーを鍛えよう！
LESSON7	3球目攻撃で得点力UP!
LESSON8	レシーブ＆4球目でチャンスメイク！
LESSON9	いろいろなサービスを覚えよう！
LESSON10	応用テクニックにチャレンジ！
LESSON11	ゲーム練習で試合に強くなろう！
LESSON12	新たな戦型に挑戦！〈カット型＆異質型〉

●卓球王国から発売の雑誌・書籍・DVDの購入方法●

　全国の書店、卓球専門店、スポーツショップ、通販サイトなどでお求めください。ただし、DVDは書店、通販サイトでは取り扱っておりません。

　お店にない場合は、卓球王国販売部に直接お問い合わせのうえ、ご注文ください。卓球王国WEB（右ページ参照）でも取り扱っております。

問い合わせ先 TEL **03・5365・1771**（販売担当まで）

よーいドン！ 卓球

2020 年 4 月 30 日　初版発行

発行者　　　今野　昇

発行所　　　株式会社卓球王国
　　　　　　〒 151-0072　東京都渋谷区幡ヶ谷 1-1-1
　　　　　　電話　03-5365-1771
　　　　　　https://world-tt.com

印刷所　　　シナノ書籍印刷株式会社